CONTES ET LÉGENDES NATHAN

La Mythologie Égyptienne

Adaptation Brigitte Evano
Illustrations Brigitte Vionnet

NATHAN

NOUN ET RÉ

Noun, le sombre dieu, dort dans une solitude que rien ne trouble. Il est l'eau inerte, ténébreuse et opaque.

Noun est la source et le principe de l'univers. Il contient en lui tous les éléments à venir.

Tout n'est qu'attente. Les poissons, les crocodiles et les oiseaux. Les fleurs et les arbres. Les hommes et même les dieux n'existent pas encore.

Enfin Noun s'éveille. Il sort de sa torpeur stérile. Autour de lui, il ne voit que lui-même. Il est partout. Cet état ne lui est pas agréable. L'ennui qu'il ressent dans cette solitude absolue le pousse à agir. Il sait qu'il est capable de créer tant de choses !

Noun s'ébroue et l'univers commence à frissonner.

Eau, Noun crée d'abord la terre. Une île grise, aux contours incertains, émerge de la plaine liquide. Cette terre limoneuse est la terre d'Égypte. Née de l'eau, elle ne vivra que par l'eau. Le Nil est son principe. Le Nil, fleuve divin, est la source de toute vie.

Noun continue son entreprise de création universelle. Tâche harassante s'il en fut. Le monde commence à prendre forme.

Mais ces commencements se déroulent dans une atmosphère glauque, sans lumière franche. Ce n'est pas vraiment la nuit, ce n'est pas vraiment le jour. Une sorte de sombre clarté noie l'univers.

Dans ce crépuscule primitif, les éléments prennent place et s'organisent.

L'air se tient en suspension au-dessus de l'eau et de la terre. Le ciel surplombe le monde comme s'il se penchait sur lui. Noun travaille inlassablement. Il appelle les dieux à la vie.

Quelque part, sur l'eau initiale, flotte un lotus. Un magnifique lotus aux pétales clos vogue sur le Nil. Soudain une vive lumière, la première du monde, éclate à l'intérieur même du calice de la fleur. De plus en plus forte, la lumière contraint les pétales à s'ouvrir. Ils résistent un peu mais ne peuvent tenir bien longtemps l'assaut de cette lumière. Le lotus ouvre en corolle ses pétales, le jeune soleil s'élance. Le dieu solaire, le disque de feu, illumine le monde qui connaît enfin la clarté, les couleurs et le temps.

En effet, chaque soir le dieu Ré s'installe au fond du calice, le lotus replie alors, avec précaution, ses pétales autour du soleil qui passe ainsi, au repos, l'espace de la nuit. Au matin, Ré jaillit à

nouveau à la conquête du ciel. Une claire journée recommence.

Fort de sa puissance, Ré entreprend de dominer le monde. Cette conquête ne se fait pas sans heurts. Elle suscite auprès d'autres dieux une âpre jalousie. Ré, enfin, est vainqueur, il est le maître du monde. Toutes les créatures, divines, humaines et animales, lui sont soumises.

Sous son règne, la paix et la justice se partagent l'univers. Dans sa jeunesse, Ré menait de rudes combats pour asseoir son autorité. Dans la force de l'âge, nul ne songe à lui contester sa suprématie. Mais les dieux vieillissent aussi.

Comme chez les humains, la vieillesse des dieux les affaiblit. Alors ceux qui, jusqu'à présent, n'avaient osé élever la voix se trouvent plus assurés devant la faiblesse et tentent de prendre à leur tour

le pouvoir. Les sujets des rois, humains ou divins, se révoltent contre le grand âge.

Isis, la déesse à l'habileté redoutable, est une des premières à essayer de renverser le vieux Ré.

Mais pour être vieux, Ré n'est pas encore mort. Certes son corps n'a plus la vigueur d'antan, ses membres se raidissent, sa peau se parchemine, ses cheveux se modifient. Mais si les dieux sont eux aussi soumis à l'implacable loi du vieillissement, ils diffèrent cependant des humains.

Les cheveux de Ré deviennent du lapis-lazuli véritable, sa chair se transforme en or pur, ses os sont maintenant de l'argent brillant. Ainsi vieillit le dieu solaire.

Isis est très savante, elle sait presque tout ce que sait Ré. Une seule chose échappe à sa connaissance : le nom secret de Ré. Et tant qu'elle ne connaîtra pas ce nom, jalousement gardé par le dieu, elle ne pourra pas se rendre maîtresse du Soleil divin.

En effet, la puissance de Ré lui vient en majeure partie de ce nom. C'est lui qui lui permet de dominer le monde.

Des noms, il en possède plusieurs. Il s'appelle tantôt Ré, tantôt le Soleil, on le nomme aussi le Grand Juge des Temps Anciens ou le Patron de l'Au-delà. Mais personne ne connaît son nom véritable. Et c'est ce nom qu'Isis doit absolument connaître. Il faut qu'elle parvienne à l'arracher de la bouche de Ré lui-même.

Malgré la vieillesse, Ré reste vigilant et imposant. Il brille comme jamais il ne le fit dans sa glorieuse jeunesse, maintenant que sa chair est devenue de l'or véritable, un bel or jaune qui éclate de

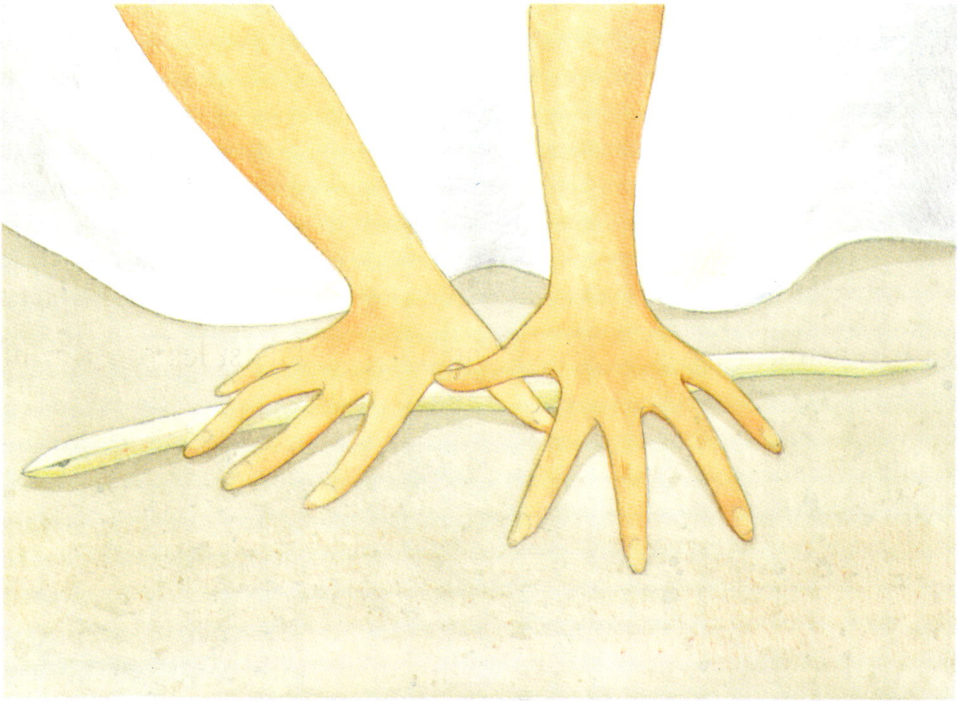

lumière et de force. Par contraste, ses cheveux faits dorénavant de lapis-lazuli sans défaut apparaissent presque sombres, d'un bleu profond, plus bleu que les eaux du Nil.

Néanmoins, Isis ne se laisse pas intimider. Elle veut à tout prix le pouvoir. Or, comme il est improbable que Ré consente à lui dire son nom secret, elle doit inventer un stratagème.

Isis pétrit, de ses propres mains, de la terre. Elle forme un serpent en roulant cette terre entre ses deux paumes. Puis elle jette le serpent en ayant pris bien soin de le faire ressembler à un bâton.

Le dieu soleil n'est pas fâché de trouver sur son chemin un bâton. En effet, ses os, maintenant en argent massif, sont superbes, certes, mais peu souples. Un bâton lui permettra de marcher droit, comme il sied à un dieu.

À peine a-t-il tendu la main pour ramasser le bâton, qu'aussitôt le serpent le pique cruellement. Isis s'approche sans tarder et lui dit d'une voix douce :

— Prends garde qu'avec cette piqûre de serpent un sort ne t'ait été jeté. Regarde ! Le serpent est devenu un vrai bâton. N'en doute plus, tu es ensorcelé !

Isis continue à lui parler doucement :

— Pour que je puisse te guérir, ô Père divin, tu dois me dire ton nom, car il demeure en vie celui que l'on peut délivrer du sortilège en prononçant son nom.

— Je suis celui qui fit le ciel et la terre, je suis celui qui éclaire le monde. Je suis celui qui...

La douleur qu'il ressent de la morsure du serpent le contraint d'arrêter l'énumération de ses multiples noms. De toute manière, il ne veut pas dire à Isis son nom secret. Ré souffre et il sent ses forces diminuer.

Isis revient à la charge :

— Ne tarde pas à me révéler ton vrai nom, sinon tu mourras.

Le dieu soleil est alors contraint de murmurer son nom secret que nul, ni dieu ni humain, n'avait jamais prononcé. Isis le répète avec les incantations d'usage. La douleur s'évanouit. Ré est sauvé.

Le dieu magnifique est amer. Certes, il a la vie sauve, mais il ne règne plus en maître absolu sur le monde. Maintenant il faudra compter avec Isis qui connaît son nom secret.

LE MEURTRE D'OSIRIS

Noun, le dieu créateur à l'origine de tout, est le premier d'une riche lignée de dieux. Outre le dieu solaire, le superbe Ré, le dieu de la terre, Geb, et la déesse du ciel, Nout, ont le privilège d'être les dieux les plus anciens.

Geb et Nout eurent quatre enfants : deux garçons, Osiris et Seth, et deux filles, Isis et Nephtys. Osiris devient l'époux d'Isis et Seth celui de Nephtys.

Osiris, le plus sage, reçoit la souveraineté sur la terre et les hommes. Il leur enseigne l'agriculture et les lois. Tous aiment Osiris, les dieux et les hommes. Tous sauf son frère Seth. Il est jaloux de son pouvoir, jaloux aussi de son charme.

Seth veut perdre Osiris. Il souhaite certes prendre sa place, mais surtout assouvir sa haine. Il cherche des complices pour se débarrasser de son frère. Il en trouve soixante-douze. Pour les convaincre de l'aider, Seth doit déployer des trésors d'éloquence et leur promettre de fortes récompenses car personne ne souhaite spontanément faire du mal à Osiris, le dieu perpétuellement bienveillant, comme l'appellent les hommes à qui il donna la civilisation.

En grand secret, pendant qu'Osiris se repose, Seth prend minutieusement ses mesures. Puis, toujours sans témoin, il fabrique un coffre magnifique. Le décor en est splendide, les peintures éclatantes, la finesse des dessins est digne des plus grands artistes. Sa forme est élégante et fine.

Lors d'un festin qui réunit tous les dieux, Seth ordonne que l'on apporte le coffre. Tous les convives le trouvent splendide. Les louanges ne tarissent pas sur la forme, sur la beauté des dessins. La première partie du plan de Seth se déroule comme il le souhaite. Chacun se déclare désireux de posséder le coffre.

C'est ce que voulait Seth.

Il se présente alors devant les convives assemblés et leur dit en souriant :

— Puisque ce coffre vous plaît tant, je l'offre à celui d'entre vous qui le remplira exactement en se couchant à l'intérieur !

Tous l'essaient. Les uns sont nettement trop petits, les autres peuvent à peine y entrer.

Osiris est le dernier à l'essayer. En riant, il s'allonge dans le coffre et s'aperçoit immédiatement qu'il est parfaitement à sa taille. Aussitôt les conjurés se ruent sur lui, le maintiennent fermement au fond du coffre et rabattent le couvercle avec vivacité. Puis, pour plus de sûreté et pour empêcher qu'Osiris ne tente de s'échapper, ils ajoutent des clous au système de serrure habituel à ce genre de coffre, et vont même jusqu'à verser du plomb fondu pour assurer une fermeture parfaite.

Ces précautions prises, Seth et ses complices descendent rapidement le coffre-sarcophage jusqu'au Nil. Alors, par la route liquide, Osiris vogue vers la mer où il se perd.

Thot, le dieu de la sagesse, conseille à Isis d'aller se réfugier dans le delta du Nil. Il craint en effet que Seth ne finisse par vouloir du mal à la femme de son frère. Isis suit cet avis. Sept scorpions l'accompagnent dans sa fuite.

Circuler dans les marais n'est guère commode, même pour une déesse. Un soir, elle parvient, fatiguée, devant une maison. Elle demande l'hospitalité, mais la maîtresse de maison, en voyant les scorpions qui forment la suite d'Isis, ferme brutalement sa porte et ne veut rien entendre pour laisser la déesse se reposer dans sa demeure.

Un des scorpions, celui qui se nomme Téfeu, parvient à entrer dans la maison. La bâtisse n'est pas bien solide, les murs de brique et de paille laissent apparaître de larges fissures. C'est chose vraiment facile pour le scorpion que de se glisser à l'intérieur et d'aller piquer l'enfant de la maison qui dort paisiblement dans son berceau. L'enfant hurle sous la morsure et meurt aussitôt. Sa mère accourue ne peut que constater la mort de son petit. Il n'y a plus rien à faire, sinon se lamenter.

Isis, qui n'est pas encore très éloignée de la maison, entend les cris et les lamentations de cette mère. Sa colère d'avoir été éconduite tombe devant la douleur de cette femme. Elle revient vers la maison, s'approche de la mère qui tient son petit, sans vie, dans ses bras. Elle étend sa main sur le visage de l'enfant. Quand elle la retire l'enfant sourit à sa mère, Isis lui a redonné la vie.

La volonté d'Isis est tendue vers un seul but : retrouver Osiris. Elle fouille, sans relâche, le delta du Nil. Puis, parvenue à la certitude que le sarcophage ne se trouve plus dans les marais, Isis porte ses recherches hors d'Égypte.

Au-delà du Nil s'ouvre la haute mer. Poussé par les vents et les vagues, peut-être Osiris a-t-il pris le chemin de la Phénicie.

Isis explore minutieusement chaque parcelle du littoral. Elle pense et espère que le flux aura fait échouer le sarcophage sur une plage, quelque part entre le Delta et Byblos.

Isis questionne les pêcheurs. Aucun ne se souvient avoir vu un coffre richement décoré. Sans se décourager, elle continue ses recherches et ses interrogatoires.

Près de Byblos, elle entend parler d'un arbre extraordinaire. Un arbre comme nul n'en vit jamais. Intriguée, ne voulant négliger aucune piste, Isis se fait engager comme servante au palais du roi. Car, se dit-elle, si cet arbre est si magnifique qu'on le dit, il doit sûrement être à l'intérieur du palais royal. Le roi en a fait, très certainement, l'ornement de ses jardins.

Mais elle a beau fouiller tous les recoins des jardins royaux, elle ne voit aucun arbre vraiment hors du commun. Certes le roi possède des arbres magnifiques, des cèdres gigantesques, des sycomores, des grenadiers, mais tous ces arbres, pour être beaux, n'en sont pas moins normaux. Or la rumeur parle d'un arbre vraiment unique en son genre.

Un peu découragée, Isis, après une ultime recherche dans les jardins du roi, rentre au palais. Songeuse, elle s'arrête quelques instants devant le portail. Brusquement elle se rend compte que ce qu'elle cherche depuis si longtemps est là, sous ses yeux. Ce pilier devant elle, qui supporte à lui seul le toit du palais, c'est l'arbre extraordinaire dont parle la rumeur.

Ce qui lui semblait incompréhensible, mystérieux, lui apparaît clair et simple maintenant. Elle s'en veut de ne pas y avoir pensé plus tôt.

Plusieurs fois par jour, pour remplir ses fonctions de servante, elle franchissait ce portail. Chaque jour elle passait devant ce pilier, mais absorbée dans la recherche d'un arbre, elle ne pensait qu'à la forme première d'un arbre tel qu'on le voit dans un bois, voire dans un jardin. Elle n'avait jamais songé qu'il pouvait s'agir d'un arbre travaillé par les hommes.

Or, c'est bien ce qui est arrivé. Isis comprend tout.

Osiris a descendu le Nil, puis navigué sur la mer. Les vagues l'ont jeté sur une plage au pied d'un jeune arbre. En reconnaissant son hôte royal, le jeune végétal a grandi très vite pour

pouvoir protéger de ses branches le sarcophage d'Osiris. L'arbre est devenu immense, solide. Le roi de Byblos, l'ayant découvert, l'a fait abattre pour servir d'axe au toit de son palais. Le cercueil du dieu se trouve ainsi au centre de la demeure royale.

En un éclair, Isis abandonne ses haillons et revêt ses attributs de déesse. La rude étoffe dont elle était revêtue jusqu'ici tombe à ses pieds. Une magnifique robe de lin blanc la remplace. Une ceinture d'or marque sa taille gracieuse. Sur sa poitrine brille un collier fait de plusieurs ors, rouge, jaune et blanc. Serties dans le métal précieux, des améthystes et des turquoises opposent leurs belles couleurs à la blancheur de l'ivoire qui les côtoie.

Nul ne reconnaîtrait plus la servante sous les vêtements et les parures de la déesse. Son diadème, un disque d'or pur serré entre deux cornes richement travaillées, achève sa transformation. Elle n'a alors aucun mal à sortir le cercueil du tronc.

En grand secret elle se rend au port. Elle quitte Byblos sans en avertir le roi. Sans se faire remarquer, elle navigue le long des côtes. Sa divinité lui permet de faire assez facilement tout cela. Bientôt les eaux de la mer changent de couleur, elles deviennent plus grises. Les vagues frappent plus doucement la coque du navire d'Isis, le vent est moins violent, l'air moins salé. À tous ces signes Isis reconnaît qu'elle est parvenue au bout de ses peines car elle navigue maintenant dans les eaux du Delta. Elle est en Égypte. Osiris va enfin pouvoir reposer en terre sacrée.

LA QUÊTE D'ISIS

Seth aime la chasse. Le dieu parcourt souvent les marais du Delta ; il y traque n'importe quel gibier.

Un soir, au clair de lune, il chasse des poules d'eau. Il avance avec précaution, sans faire de bruit. Soudain un cri lui échappe. Il trébuche. Aussitôt tous les oiseaux s'envolent sans qu'il ait le temps de tirer une seule flèche. Furieux, il regarde le sol pour voir contre quoi il s'est blessé.

Seth est stupéfait ! Cette chose contre laquelle il vient de trébucher est le sarcophage d'Osiris. Il le reconnaîtrait entre mille, c'est lui qui l'a construit et décoré. Aucun doute n'est possible.

Sans le chercher, Seth vient de découvrir le lieu secret dans lequel Isis a caché le cercueil de son mari. Furieux, Seth brise le sarcophage. Le bois vole en éclats sous ses coups, les clous cèdent à sa force et le plomb ne peut guère résister longtemps. Le riche sarcophage réduit en pièces, la fureur de Seth n'en est pas pour autant calmée. Ivre de colère, il s'acharne maintenant sur le cadavre d'Osiris.

Le corps d'Osiris, celui que tous aimaient, est déchiré. Les yeux étincelants, Seth découpe en morceaux la dépouille de son frère.

Dans un dernier geste de folle colère, Seth lance au vent les débris d'Osiris.

Pendant ce temps, Isis fait route vers la ville de Bouto. Elle est impatiente de voir son jeune fils, Horus, qu'elle avait confié à la déesse tutélaire de cette ville lorsqu'elle était partie à la recherche d'Osiris. Elle imagine combien Horus doit avoir changé. Il n'était qu'un jeune enfant quand elle est partie.

Elle est encore loin de Bouto quand une voix, venue de nulle part, une voix qui flotte dans les airs, lui annonce que Seth a retrouvé le sarcophage d'Osiris et dispersé son corps aux quatre vents.

Isis, aussitôt, se fait construire une barque en papyrus. Avant de revoir son fils, elle doit retrouver Osiris. Ou du moins, elle doit en retrouver les morceaux.

Dans sa frêle nacelle, Isis parcourt inlassablement les eaux du Nil et celles du Delta. Dès qu'elle trouve un membre de son mari,

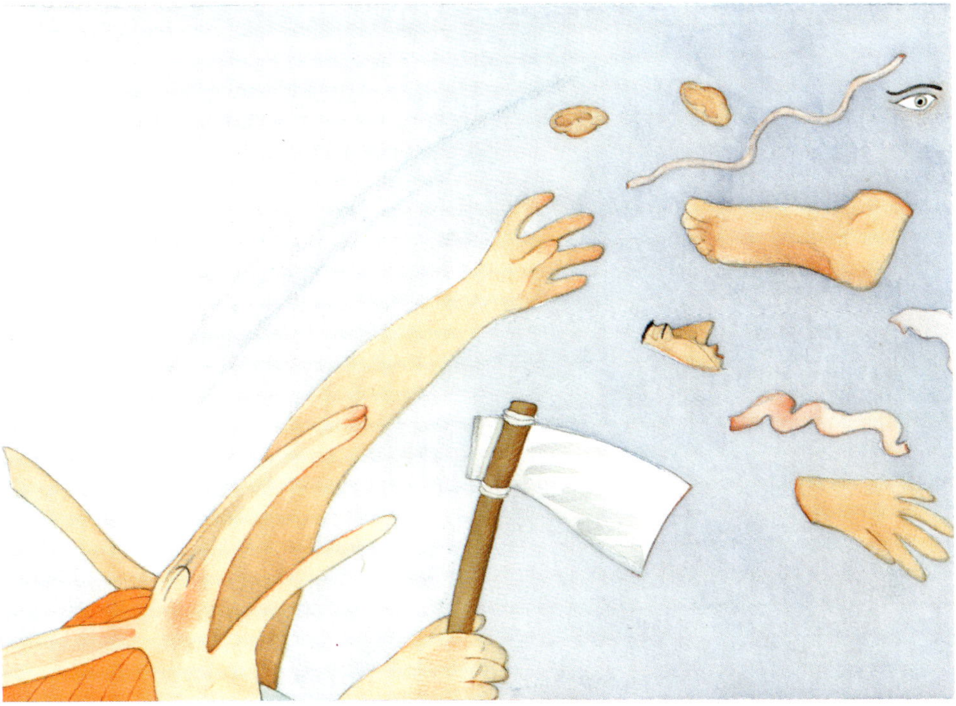

elle l'enterre avec respect sur le lieu même où elle le découvre. Ensuite les hommes établiront des sanctuaires sur les diverses tombes d'Osiris.

Ainsi, c'est sur l'emplacement de la belle ville de Busiris qu'Isis trouve la colonne vertébrale d'Osiris et qu'elle l'ensevelit pieusement.

Les eaux du Nil se montrent amicales pour Isis. Durant sa quête, aucune tempête, aucun orage ne viennent accélérer le cours du fleuve. Même les crocodiles se déclarent ses amis. Ils s'écartent doucement, sans bruit, dès que la barque de papyrus s'approche d'eux. Jamais ils n'ont un mouvement menaçant envers Isis. Ils respectent la triste tâche de la déesse.

Après avoir parcouru en tous sens les eaux du Delta, Isis se dirige

vers le sud. Elle remonte le Nil, le fleuve qui donne la vie à l'Égypte. Sans les crues du Nil, les terres de ce pays ne seraient qu'un désert. Mais grâce aux eaux du fleuve, qui viennent à intervalle régulier submerger les terres, l'Égypte est un pays riche, verdoyant, car à la chance offerte par la nature les paysans égyptiens ajoutent leur inlassable travail d'irrigation.

Descendant toujours vers le sud, Isis parvient à Abydos. Là, elle trouve la tête d'Osiris. Les cérémonies peuvent enfin avoir lieu et Osiris commencer son long voyage vers l'immortalité.

Isis a retrouvé tous les morceaux du corps de son mari. Tous les rites funéraires sont accomplis. Osiris, qui eut la souveraineté sur les hommes et leur donna la civilisation, peut enfin rejoindre son séjour éternel. Il monte au ciel et puisqu'il ne peut plus être le souverain des vivants, il devient celui des morts.

Maintenant Isis peut, avec délices, se consacrer à l'éducation de son jeune fils, Horus, le dieu à la tête de faucon.

Isis veille jalousement sur cet enfant, car, à juste titre, elle craint toujours le dieu aux cheveux roux, le brutal et belliqueux Seth.

Isis ne peut oublier un fait qui s'est passé il y a longtemps, quand Horus n'était encore qu'un nourrisson. Certes, la déesse protectrice du Delta veillait avec soin sur la sécurité de l'enfant, mais cette vigilance était surtout dirigée contre les ennemis divins d'Horus, et principalement contre le dieu rouge, Seth. Or, il advint qu'un jour, alors qu'Horus dormait paisiblement dans sa nacelle de roseau, un scorpion, un banal scorpion, vint le piquer. La déesse tutélaire ne pouvait le préserver de tous les malheurs.

Horus mourut comme n'importe quel enfant victime d'une morsure de scorpion.

La douleur d'Isis fut immense. Mais elle n'oublia pas qu'elle était la fille du dieu solaire.

Elle adressa à son père une prière poignante. Son éloquence, ses larmes surtout, touchèrent le cœur de Ré.

Un mot suffit au dieu du soleil pour arrêter en pleine course sa barque solaire. Un autre ordre claqua. Thot, le dieu de la sagesse, reçut pour mission de descendre sur terre et de redonner la vie au jeune Horus.

Ainsi fut fait. Le sang rosit les joues du nourrisson, bientôt il ouvrit les yeux. Visiblement, il ne gardait aucun souvenir de son court passage dans le monde de la mort.

Mais Isis, elle, garde toujours en mémoire cet épisode cruel. Sa vigilance s'accroît.

Isis et Horus vivent toujours à Bouto, mais leur véritable nature divine n'est connue de personne.

Horus grandit, d'enfant chétif il devient un jeune homme, certes toujours frêle, mais qui sait compenser sa faiblesse physique par la puissance de son intelligence.

Parvenu à l'adolescence, il quitte sa cachette. Mais, en la quittant, il abandonne la protection de la déesse du Delta. Horus le sait, comme il sait qu'il est dans son droit en voulant porter la couronne royale, celle de son père, celle qui marque le droit de gouverner les hommes.

Depuis longtemps Horus s'est préparé à cette tâche. Il s'est, tout aussi assidûment, préparé aux affrontements guerriers car il se doute bien que pour obtenir ce qu'il veut, il lui faudra se battre. Pour cela, depuis des années, Horus s'est familiarisé avec le maniement des armes et l'équipement de guerre. Il sait atteindre une cible avec sa lance tout en se maintenant en équilibre sur la frêle nacelle de son char emporté par le galop de son cheval. Il sait se battre au poignard. Horus-le-faucon veut venger le meurtre de son père Osiris et réclame pour lui, devant l'assemblée des dieux, la couronne royale.

Horus sait qu'il n'est pas le seul à désirer cette investiture. Son oncle, le dieu rouge, prétend lui aussi avoir, de droit, la souveraineté sur les hommes.

Tous deux portent leur querelle devant les Ennéades, l'assemblée des dieux, habilitées à rendre le jugement.

LES AVENTURES D'HORUS ET DE SETH

Les Ennéades délibèrent, examinent les arguments des deux partis en présence, mais ne parviennent à aucune décision ferme et définitive.

Depuis qu'Osiris est mort, la fonction de roi des hommes est vacante. Horus, le fils d'Osiris, réclame le trône. Seth, le frère d'Osiris, le veut aussi.

Un procès devant le tribunal divin se tient longtemps, sans résultat. L'assemblée des dieux hésite entre les deux prétendants.

Devant le collège divin, Horus déclare que la charge de son père lui revient de droit. Le dieu Chou, fils de Ré, et Thot, le dieu de la sagesse, lui donnent raison. Isis, la mère d'Horus, laisse éclater sa joie. Mais Seth est furieux. Il demande qu'un combat singulier soit organisé entre Horus et lui.

En vérité, l'esprit de décision ne semble pas animer cette assemblée de dieux, puisque la voici qui hésite encore.

« Qu'allons-nous faire ? » se demandent pour la millième fois les dieux. Ils décident de demander conseil à Neith la puissante, la mère divine qui n'a pas coutume de siéger avec les autres dieux. Thot écrit donc à Neith pour lui demander ce qu'il faut faire de Seth et d'Horus.

Très rapidement, Neith répond :

— Remettez la couronne d'Osiris à son fils Horus, sinon je me fâcherai et le ciel s'écrasera sur la terre !

Thot lit cette lettre devant les Ennéades. Il semble qu'enfin l'on s'achemine vers une solution définitive, mais si l'esprit de décision ne caractérise pas cette assemblée, la concorde ne semble pas pouvoir non plus la définir. En effet, en entendant la lecture de la lettre de Neith, Ré-Atoum, le chef des dieux, le président du tribunal divin, est très mécontent. Il trouve qu'Horus est beaucoup trop jeune et trop faible pour une telle fonction.

Encore une fois l'assemblée se dissout. Chaque dieu rentre chez lui. Ré-Atoum, blessé de n'avoir pu rallier les autres dieux à son avis, reste tout un jour étendu sur le dos dans son pavillon. Il est triste. Il est seul. Sa fille, la déesse Hathor, vient alors lui rendre visite et par ses pitreries fait revenir le sourire et même le rire sur

le visage de son père, qui consent à siéger à nouveau à l'assemblée.

Encore une fois l'assemblée écoute les arguments d'Horus et de Seth. Cette fois il semble que Seth l'emporte, Thot et Isis sont mécontents et s'écrient :

— Va-t-on donner la fonction du père au frère du père alors que le fils selon la chair est bien vivant ?

Encore une fois l'assemblée hésite. Seth entre alors dans une grande colère contre ces dieux indécis. Il menace et affirme qu'il ne se présentera plus devant ce tribunal tant que la mère d'Horus y siégera. Ré-Atoum l'approuve et décide que le tribunal tiendra dorénavant audience dans l'île du Milieu. Ordre est donné au passeur de ne laisser aucune femme ressemblant à Isis mettre le pied sur l'île.

Mais c'était compter sans les pouvoirs magiques de la déesse. Car c'est sous les traits d'une vieille femme qu'elle se présente au passeur. Toute courbée, un petit anneau d'or à la main, elle lui dit :

— Je suis venue à toi afin que tu me transportes dans l'île du Milieu. Mon fils y garde le bétail et je vais lui porter du pain.

Le passeur refuse en disant qu'il a reçu l'ordre de ne laisser aucune femme accoster sur l'île.

Calmement Isis affirme qu'elle a entendu parler de cette interdiction, mais qu'elle ne vaut que pour la déesse Isis et que cet ordre ne saurait s'appliquer à une pauvre vieille femme.

Le passeur lui dit alors :

— Que me donneras-tu si je te fais passer dans l'île du Milieu ?

Isis propose son anneau d'or et le passeur accepte de la conduire sur l'île.

Les dieux sont assis, ils discutent entre eux et mangent du pain. Aucun d'eux ne voit arriver Isis. Seul Seth entend un bruit suspect. Il se lève et se dirige vers la rive, mais, avant qu'il ne soit assez près pour la reconnaître, Isis se transforme en une très belle jeune femme. Seth est immédiatement séduit. Jamais il n'a vu de femme aussi belle ; Isis, ou plutôt la belle jeune femme, dit à Seth :

— Écoute mon histoire : je suis la femme d'un riche pasteur, je lui ai donné un enfant mâle. Depuis la mort de son père, ce jeune enfant s'occupe très bien du bétail. Or voici qu'un étranger veut lui prendre son bien. Je t'en prie, grand seigneur, viens à notre aide !

Seth répond aussitôt :

— Ne crains rien, je combattrai pour toi car, en vérité, on ne peut pas donner le bétail à l'étranger alors que le fils du père est encore vivant !

À peine a-t-il prononcé ces paroles qu'Isis se métamorphose en milan et prend à témoin les dieux :

— Seth vient de se juger lui-même.

Ré-Atoum abandonne le parti de Seth et se déclare dès lors un fidèle partisan d'Horus.

Seth est seul maintenant, mais il continue à se battre. De nombreux combats opposent encore les deux prétendants au trône.

Les années passent en luttes et en séances de tribunal, toujours aussi inutiles. Le temps joue en faveur d'Horus car d'adolescent un peu chétif il devient peu à peu un homme fort et surtout astucieux. Autant Seth est brutal et facile à berner, autant Horus est ingénieux et rusé.

Mais aucun de ces combats n'est décisif. La force brutale de Seth ne peut venir à bout de l'endurance et de l'agilité d'Horus. Pas plus, d'ailleurs, que l'intelligence du dieu à tête de faucon ne peut soumettre la puissance du dieu rouge.

Un jour, une lutte particulièrement violente oppose Horus et Seth. Les deux adversaires se battent avec fureur. Longtemps la plaine retentit de leurs cris et du bruit des coups qu'ils se portent. Poignards et boucliers font leur office. Les uns attaquent, les autres protègent. Les deux dieux savent bien combattre. Toutefois, tout dieux qu'ils sont, la fatigue finit par les accabler. Mais ils continuent néanmoins à se battre. Ils savent que c'est un véritable combat à mort qu'ils se livrent ici. L'enjeu est grave puisqu'il ne s'agit pas moins que de régner sur les hommes, de prendre la place laissée vacante par Osiris. De ce point de vue, Horus possède une force morale qui supplée à son manque de force physique, jamais il n'oublie qu'il est le fils d'Osiris et que son adversaire n'en est que le frère.

Cette pensée le soutient durant ce combat dont chacun des deux adversaires pense qu'il sera le dernier. Horus porte des coups décisifs contre Seth. Il le blesse profondément, le mutile même. Mais Seth combat toujours malgré le sang qui coule de ses blessures. Dans un sursaut de rage, il parvient même à arracher un œil à Horus, qui continue néanmoins à se battre.

Combien de temps ce combat aurait-il duré si le sage Thot n'était intervenu pour arrêter cette lutte meurtrière ? Le dieu de la sagesse en a assez de cette querelle qui ne parvient pas à trouver d'issue. Il sépare les combattants et les guérit de leurs blessures. Horus retrouve l'usage de son œil arraché, Seth celui de ses membres.

Pour en finir avec cette interminable guerre de succession, Thot, le sage, propose d'écrire directement à Osiris. Il faut des messagers courageux pour aller porter cette lettre au pays des morts sur lequel règne maintenant Osiris. On trouve de tels messagers. Ils vont chez les morts et en rapportent la réponse d'Osiris :

— Pourquoi a-t-on si mal agi envers mon fils Horus ? N'ai-je pas toujours fait régner la justice aussi bien chez les vivants que chez les morts ? En vérité, dieux de l'Ennéade, craignez mon

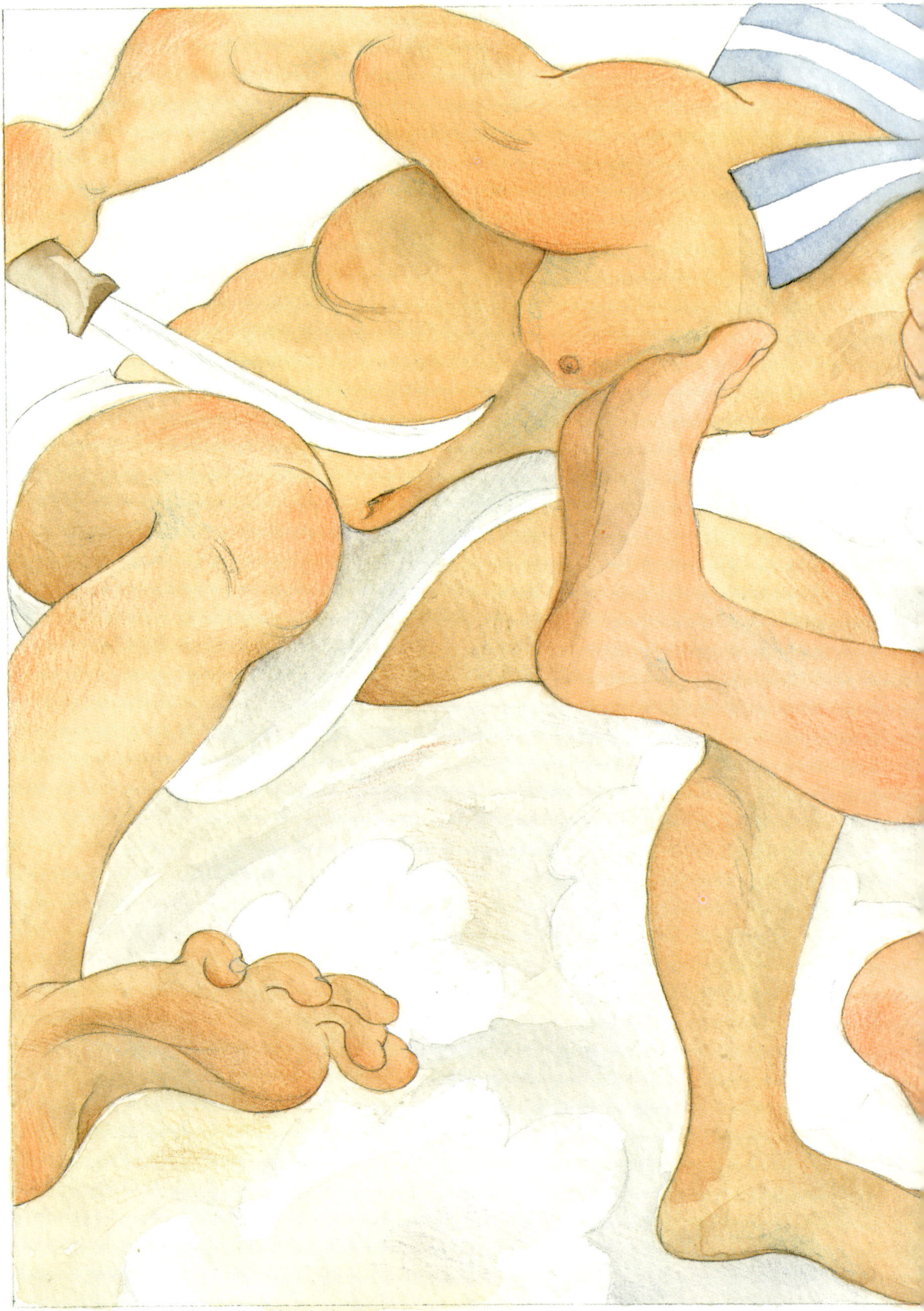

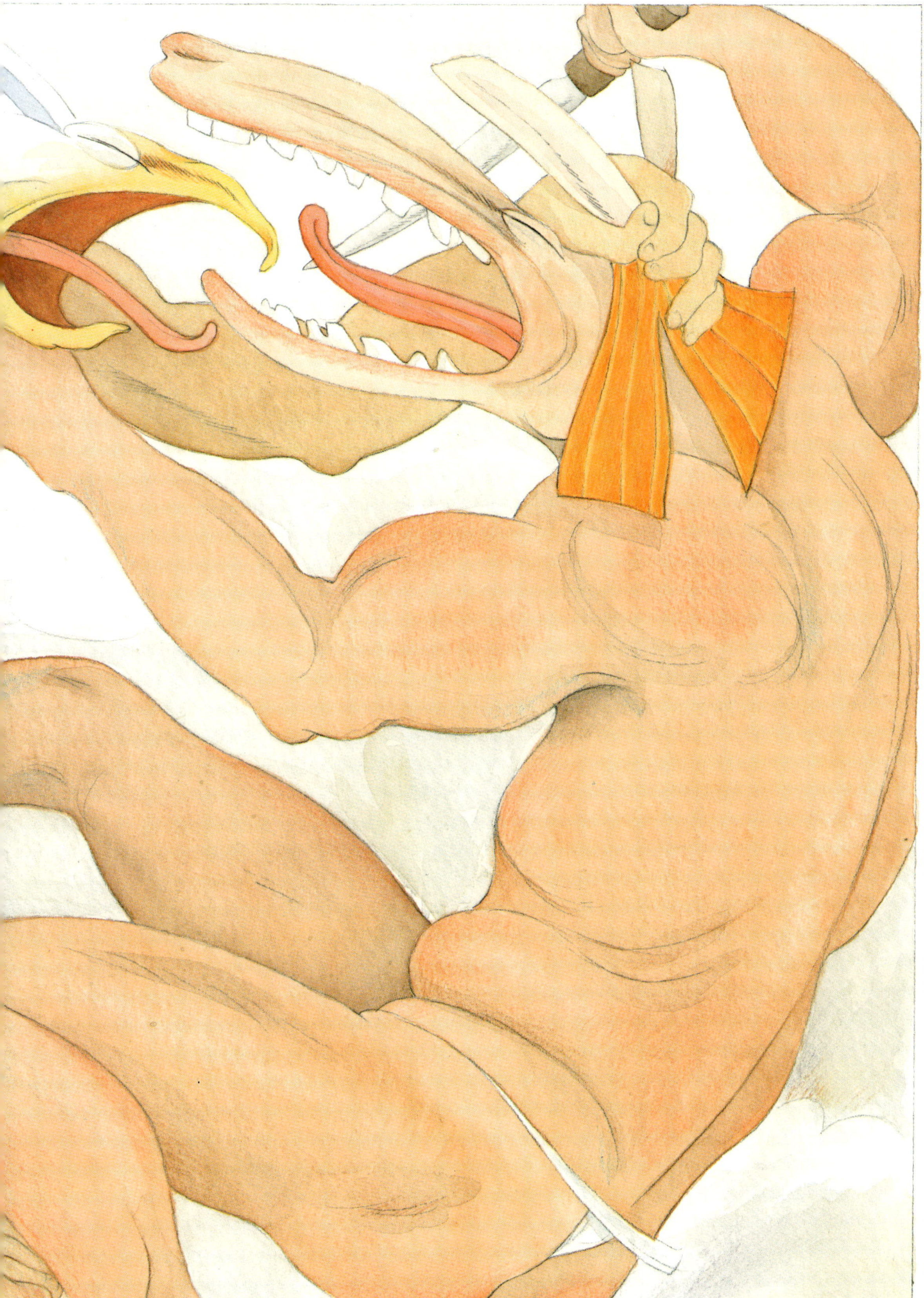

courroux, retrouvez le chemin de la justice et donnez le sceptre divin à mon fils.

Horus triomphe enfin. Seth lui-même s'incline et reconnaît la souveraineté d'Horus.

Que pourrait-il dire en effet, maintenant que le père lui-même intervient en faveur de son fils ?

La royauté divine d'Horus est proclamée lors d'une grande cérémonie d'investiture. Le dieu à tête de faucon reçoit les emblèmes de sa charge, d'abord la couronne blanche qui marque sa souveraineté sur la terre d'Égypte tout entière, puis un disque d'or entouré de plumes multicolores, symbole de sa victoire sur Seth, le dieu rouge vaincu.

Maintenant, sur le fronton de chaque temple, les hommes reproduiront ce disque solaire.

SINOUHÉ

Le palais du roi est silencieux ce matin. Hier Sa Majesté Amenemhat est morte. La divinité royale a rejoint le dieu solaire et le corps du roi s'est uni à celui qui l'avait créé.

Les courtisans sont accroupis, la tête sur les genoux, dans l'attitude du deuil qui sied à leur condition.

À leur peine d'avoir perdu le roi se mêle leur inquiétude pour l'avenir. Chacun se doute bien que la succession ne sera guère facile. Le fils aîné du roi est absent du palais. Son père l'a envoyé à la tête de l'armée combattre les rebelles qui menacent la sécurité de l'Égypte. Dès la mort du roi, des messagers sont dépêchés auprès de son fils. Immédiatement Sésostris quitte l'armée en secret, et fait route vers le palais. Mais, par des voies détournées, les autres enfants royaux apprennent très vite la nouvelle de la mort de leur père. Chacun désire succéder à Amenemhat.

Sinouhé, noble Égyptien faisant partie de l'armée, entend un homme prévenir l'un des princes. Comme les courtisans restés au palais, Sinouhé imagine ce qui va arriver. Du sang coulera avant qu'un nouveau roi ne reçoive l'investiture. Une guerre de succession semble inévitable. Sinouhé craint pour sa vie. Le nouveau roi, quel qu'il soit, voudra sûrement se débarrasser de lui, l'ancien favori.

Sinouhé décide de ne pas rentrer avec le reste de l'armée. Il décide même de quitter l'Égypte, d'abandonner tous ses biens pour garder la vie.

Sinouhé se cache. Il attend le moment propice pour quitter l'armée. Il parvient à se dérober aux regards des officiers et des courtisans, et dès qu'il le peut il quitte la route et se dirige vers le delta du Nil. Ces lieux à la lisière des terres cultivées ne sont guère fréquentés. Néanmoins Sinouhé prend des précautions.

À la pointe du Delta, il franchit le Nil à Négaou. Il se trouve aux confins des terres égyptiennes, tout près de la forteresse construite pour repousser les Bédouins, ces coureurs du désert.

La nuit tombée, Sinouhé trompe la vigilance des sentinelles et traverse la frontière. L'exil commence.

Le désert lui aussi commence ici. Sinouhé marche sous le soleil,

le sable sèche sa gorge. La soif l'assaille. Ses forces s'amenuisent. Il tombe et sent sur ses lèvres le goût de la mort. Un moment, des heures, un jour peut-être passent. Sinouhé est étendu sans connaissance sur le sable du désert. Soudain les mugissements d'un troupeau et des voix d'hommes le sortent de sa torpeur.

Sinouhé ouvre les yeux et voit des Bédouins se pencher sur lui. Loin d'avoir une attitude menaçante, ils le regardent au contraire avec sollicitude. En effet le cheikh qui dirige cette caravane reconnaît Sinouhé pour l'avoir rencontré et estimé en Égypte. Les Bédouins donnent de l'eau au fugitif, le nourrissent et l'emmènent avec eux, lui épargnant ainsi les dangers et les fatigues d'une marche solitaire.

Pendant dix-huit mois, Sinouhé partage la vie de ces hommes du désert. Sa sagesse, ses qualités le font apprécier et aimer de tous.

Le prince Amounenchi entend parler de lui par la rumeur publique et le convie sous sa tente. Ils mangent, boivent et bavardent ensemble. Le prince propose à Sinouhé de s'établir auprès de lui. De nombreux Égyptiens vivent déjà dans la compagnie d'Amounenchi. Ainsi Sinouhé, l'exilé, aura-t-il le plaisir d'entendre et de parler sa langue natale. La conversation continue entre les deux hommes et le prince pose enfin la question qu'il avait dessein de poser depuis le début de l'entretien :

— Pourquoi es-tu venu ici ? Est-il arrivé quelque chose de grave en Égypte ?

Sinouhé comprend que le prince est en train de sonder sa loyauté. Aussi décide-t-il de répondre en modifiant un peu la vérité. Il raconte la mort d'Amenemhat, son propre esprit troublé et sa crainte d'une disgrâce. Subtilement Sinouhé présente son idée de fuite comme suggérée par Ré lui-même.

Le prince bédouin fait mine de s'inquiéter du sort de l'Égypte après la mort de son roi. Et là, autant pour éloigner les soupçons d'Amounenchi que pour ne pas apparaître comme un traître devant les Égyptiens présents à la cour de ce prince, Sinouhé répond que le fils aîné du roi est entré dans le palais et qu'il dirige très certainement l'Égypte de main de maître.

Amounenchi, satisfait de ces réponses et de l'adresse de Sinouhé à se sortir d'une situation délicate, lui propose de venir s'établir auprès de lui. Sinouhé accepte.

Bientôt Sinouhé l'Égyptien devient Sinouhé le Bédouin. Aimé et craint de tous ses nouveaux compagnons, il est tellement

apprécié de son prince qu'il passe avant les propres fils d'Amounenchi et qu'il en épouse la fille aînée. Il reçoit aussi de belles terres très fertiles situées dans l'oasis. Riche, puissant, Sinouhé est maintenant un chef de tribu. Un des meilleurs.

Ses fils, à leur tour, dirigent leur propre tribu. Quand des ennemis attaquent, c'est toujours à Sinouhé que l'on demande des conseils sur les manœuvres militaires. Le prince le nomme général des armées ; Sinouhé gagne toutes les batailles.

Sa renommée est grande. Tout le monde connaît Sinouhé et cela ne va pas sans exciter des jalousies. Ainsi, un jour, un homme particulièrement fort lui jette-t-il un défi. Sinouhé comprend que cet homme, ce Bédouin, est jaloux de son prestige. Fort et courageux, ce coureur du désert veut se mesurer à Sinouhé. Il s'agit en quelque sorte d'un combat de taureaux pour la domination du troupeau. La clairvoyance de l'Égyptien lui présente immédiatement cette image. Et alors ? Parce qu'un taureau aime le combat, un taureau d'élite refusera-t-il l'assaut, de crainte de perdre ?

Le prince et Sinouhé, après s'être entretenus de cette affaire, conviennent que le combat est inévitable. La nouvelle s'en répand très vite. Le duel est fixé au lendemain.

Toute la nuit Sinouhé fourbit et vérifie ses armes. À l'aube la moitié du pays est assemblée dans l'attente du combat. Tous les cœurs battent pour Sinouhé l'Égyptien. Le combat promet d'être grandiose. Le Bédouin est très fort. Il manie ses armes avec adresse. La lourde hache et l'épais bouclier semblent légers entre ses mains puissantes. Sinouhé sait bien qu'il n'est pas aussi fort que cet homme. Il lui reste la ruse. Et la souplesse.

Sinouhé se déplace de telle manière qu'il contraint son adversaire à brandir et à lancer toutes ses armes, ses javelots d'abord puis toutes ses flèches qu'il esquive avec adresse. Bientôt son adversaire n'a plus que ses mains pour combattre. Il s'avance, menaçant, furieux contre Sinouhé qui, prestement et habilement, lui décoche une flèche dans le cou. Le colosse s'abat et Sinouhé l'achève avec sa propre hache. Le prince et le peuple sont heureux de cette victoire, elle accroît le prestige et les richesses de celui qui, il y a bien longtemps, a fui la terre d'Égypte.

L'Égypte, Sinouhé y pense souvent. Il y pense encore davantage depuis que le poids des ans se fait sentir. La nostalgie l'envahit. Il souhaite ardemment mourir dans son pays.

Ses rêveries le conduisent toujours au bord du Nil ; il s'imagine

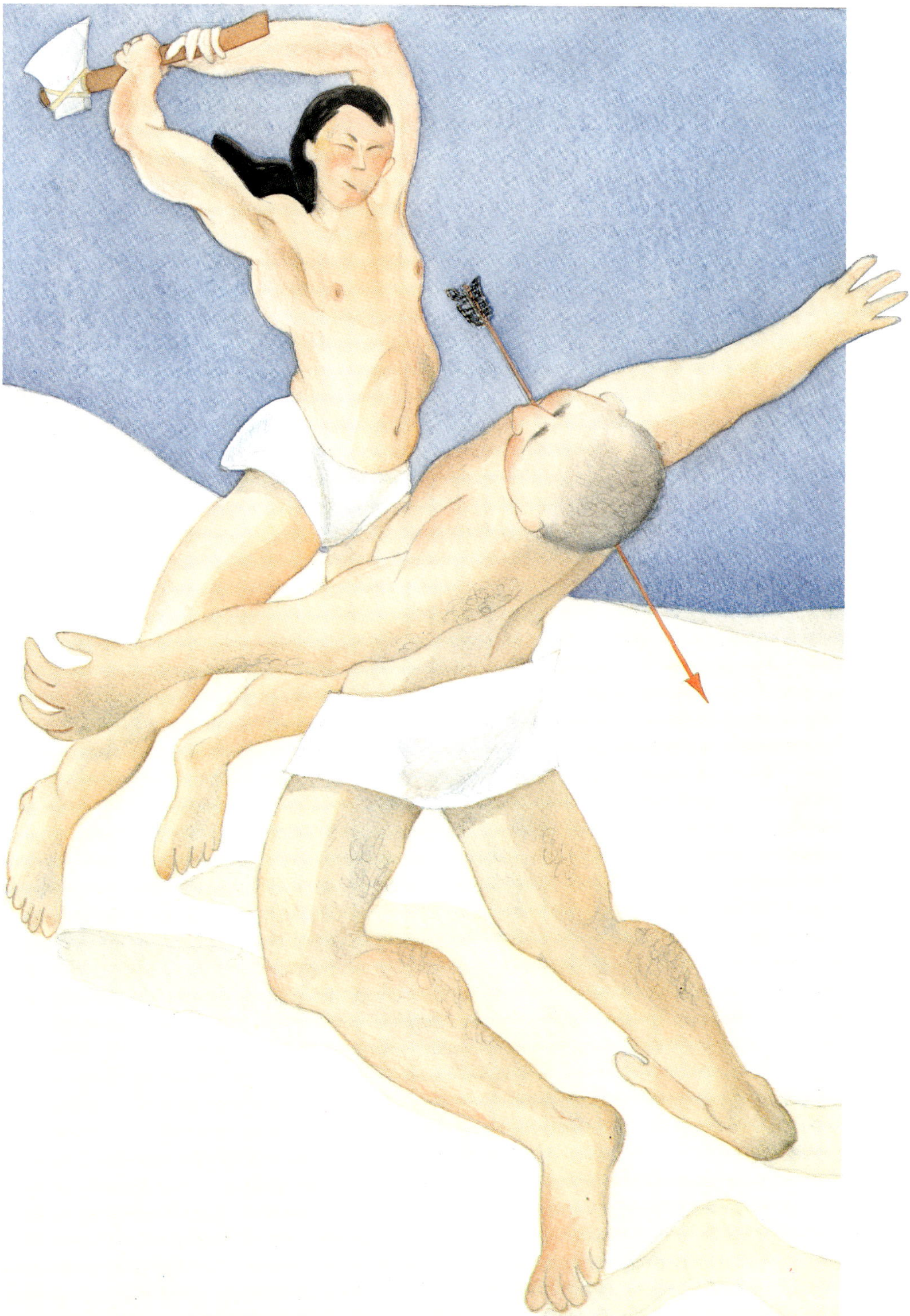

dans un jardin parfumé, il se voit donner des ordres aux ouvriers qui construisent sa sépulture. En effet, pour un Égyptien rien ne compte davantage que la certitude d'être enterré dans son pays.

Depuis quelque temps déjà, ses pensées prennent toujours le même chemin qu'elles parcourent sans cesse. Sinouhé imagine la vie qui aurait été la sienne s'il était resté en Égypte. Il serait riche, tout comme il est riche chez les Bédouins, mais il y serait aussi plus tranquille, maintenant qu'il parvient au terme de sa vie. En effet, parmi toutes ces pensées qui l'assaillent à ses heures de méditation une seule lui taraude l'esprit douloureusement. Comment son âme pourra-t-elle rejoindre le royaume d'Osiris, si les rites funéraires égyptiens ne sont pas accomplis ? Or comment exiger de ses fils et de ses filles, nés sur la terre des Bédouins, qu'ils lui procurent des funérailles égyptiennes ?

Cette idée, qui l'inquiète vraiment, ne le quitte plus.

Aussi, tout en accomplissant toujours ses devoirs de chef de tribu, Sinouhé se détache, par la pensée, de la terre des Bédouins. En secret, il invoque ses dieux et les prie de permettre son retour en Égypte.

Là-bas, la situation politique est stable, Sésostris a triomphé des factions et son règne est celui de la justice.

Mais tout cela ne se fit pas en un instant, ses ennemis ne s'avouèrent pas vaincus facilement, il fallut que Sésostris combattît souvent. Plus souvent encore, il eut à déjouer les pièges et les intrigues des courtisans.

Maintenant son pouvoir est assuré, les ennemis de l'intérieur sont enfin soumis, et ses armées veillent aux frontières. Le pays est en paix et Sésostris peut enfin donner audience à tous ceux qui viennent lui demander de réparer les injustices dont ils ont souffert durant les années de trouble politique.

Pharaon écoute attentivement les plaidoyers de chacun. Il s'efforce surtout de séparer le vrai du faux, car il se doute bien que certains vont peut-être essayer de profiter de sa clémence pour obtenir davantage que ce que la simple justice commande.

Un jour, un homme presque âgé se présente devant Sésostris. Il raconte son histoire, brièvement, sans rien retrancher ni ajouter à la vérité des faits qui se sont passés, il y a des années, au moment de la mort de l'ancien pharaon. Cet homme était alors officier, il faisait partie des armées qui se trouvèrent divisées lors des guerres de succession. Il avait tout perdu et venait demander justice. Tout en racontant son propre malheur, il ose interroger Sésostris sur le sort d'un de ses amis d'autrefois qu'il n'a jamais revu depuis cette nuit tragique.

D'abord étonné de l'audace de cet homme qui ose le questionner, Pharaon admire finalement le courage de cet ancien soldat qui ne craint pas d'être jeté hors du palais pour avoir transgressé l'étiquette de la cour. Et alors tous ses espoirs de retrouver ses biens perdus seraient à tout jamais évanouis. Ainsi, le vieil homme pose nettement une question à Sésostris :

— Qu'est devenu l'intendant Sinouhé, mon ami d'enfance, après cette nuit tumultueuse qui vit tant de désordres ? Je ne l'ai jamais revu, il doit être encore vivant, mais où ? Plus que de retrouver ma fortune perdue, je souhaite avoir des nouvelles de cet excellent ami.

Sésostris, touché de la fidélité de cet homme envers un ami disparu depuis si longtemps, arrête d'un geste les gardes qui se précipitent déjà pour molester celui qui ose ainsi ouvertement questionner Pharaon.

Et, à la stupeur des courtisans, non seulement Sésostris admet l'attitude de cet homme, mais encore il lui répond qu'il va tout mettre en œuvre pour que soit retrouvé son ami, le grand intendant Sinouhé. L'homme se retire confiant dans la justice de Pharaon. Il vient d'être dédommagé de ses biens perdus et il ne doute pas un seul instant que Sésostris agira tout aussi bien envers Sinouhé, dès qu'il l'aura retrouvé.

La police fait rapidement son office, la trace de Sinouhé est retrouvée, et immédiatement Pharaon envoie un messager l'invitant à revenir sans crainte à la cour.

Sur-le-champ, Sinouhé règle ses affaires. Il fait le partage de ses biens entre ses fils. Il dit adieu à ses amis les Bédouins et rentre triomphalement en Égypte.

Sésostris se montre très généreux envers l'ancien fugitif. Non seulement il entre en possession de ses biens, mais encore le roi les accroît-il. Et surtout, faveur suprême, une tombe magnifique est construite pour Sinouhé au milieu de celles des enfants royaux.

Comblé d'honneurs et de richesses, Sinouhé, enfin pleinement heureux, attend sereinement la mort.

LE PAYSAN DE L'OASIS

Assis à l'ombre d'un palmier, Khounapoup réfléchit. Le vent chaud du désert, à peine tamisé par les arbres de l'oasis, inquiète le paysan. Pour l'instant, il est confortablement installé, s'il a soif l'eau fraîche du puits le désaltérera et s'il le désire il boira de la bière. Mais au milieu du désert il lui faudra boire de l'eau chaude et de la bière tout aussi chaude. Il faudra marcher sous le soleil et peut-être grelotter de froid au cœur de la nuit. Tout cela n'enchante guère le paysan. Mais la dure nécessité fait loi, Khounapoup le sait bien.

Les dernières récoltes sont bonnes, les greniers sont pleins. Khounapoup est un paysan habile et courageux, il ne craint pas le travail et sait tirer le meilleur profit de sa terre. Tout ce qui peut être fait à la maison, il le fait. Sa femme, Méryé, l'aide et s'occupe de leurs enfants. Mais bientôt vont venir à manquer les produits que le paysan ne peut pas faire pousser dans son oasis.

Méryé a besoin de lin pour tisser les vêtements, Khounapoup doit réparer la maison et les bâtiments pour les animaux, or dans l'oasis aucun arbre ne peut lui fournir du bois de charpente. Le paysan désire aussi acheter un bijou à sa femme et des petits cadeaux pour leurs enfants.

Tout cela se trouve à la ville, et pour y arriver, il faut bien traverser l'implacable désert. Khounapoup revient au point de départ de sa méditation sous le palmier.

Sa décision est prise. Il appelle sa femme, et tous deux dressent la liste des objets qu'il faut acheter ; ils décident aussi combien d'orge Khounapoup vendra à la ville.

Méryé rappelle à son mari qu'il ne doit pas oublier d'acheter de la nourriture pour l'hiver.

La journée du lendemain se passe dans les préparatifs du départ de Khounapoup. Maintenant que sa décision est prise, le paysan est impatient de partir. Les plaisirs de la ville ne sont pas tout à fait absents de ses pensées.

Il se voit déjà se promenant dans les jardins au bord du Nil. Il sait qu'il verra des fleurs qui viennent de très loin, rapportées par de riches marchands. Il se réjouit à l'avance de ses promenades

dans les rues. Khounapoup rêve, même s'il n'oublie pas le but de son expédition : acheter de la nourriture, du bois, du lin, sans oublier quelques petites emplettes qu'il garde secrètes.

Méryé prépare le pain et la bière dont Khounapoup aura besoin tout au long du voyage.

Khounapoup dépose, bien rangé dans une cabane, tout ce qu'il emportera à la ville pour l'échanger contre ce dont il a besoin.

La cabane est presque trop petite pour contenir ses bagages. Il n'est d'ailleurs pas peu fier de contempler ses richesses. Il imagine déjà tout ce qu'il obtiendra à la ville. Il faut dire que ce paysan, outre son ardeur au travail, possède aussi une imagination fertile !

Dès l'aube, à l'heure où le ciel s'éclaire doucement, Khounapoup charge avec beaucoup de soin ses ânes. Il répartit savamment les poids.

Le soleil commence sa course lorsque le paysan fait ses dernières recommandations à sa femme et à ses enfants. Il part.

Ses ânes marchent devant lui, chargés de roseaux, de peaux de panthères, de fourrures de loups, de sel, de plantes et de graines. La cargaison est précieuse, Khounapoup est bien décidé à la protéger.

Le voyage se passe plutôt bien. Les ânes marchent sans trop rechigner, le vent que craignait tant le paysan est léger. Khounapoup laisse sa gaieté naturelle vagabonder, il chante le long du chemin.

La ville où se rend l'oasien est encore très éloignée lorsqu'il pénètre sur les terres de Perféfi. Jusqu'à présent Khounapoup n'avait rencontré personne, aussi est-il content de voir un homme debout sur la digue qui le regarde s'avancer. L'homme sourit.

Si Khounapoup avait su lire dans les pensées, il n'aurait pas répondu joyeusement, car cet homme qui le regarde est déjà en train d'imaginer par quel subterfuge il va pouvoir s'emparer des ânes et de la marchandise de Khounapoup.

La maison de cet homme sans scrupule est au bord du chemin, et de l'autre côté du chemin commencent tout de suite ses champs, plantés d'orge.

Ojéhoutinekht appelle un de ses serviteurs :

— Vite, cours chercher une pièce d'étoffe dans la maison, puis pose-la sur le chemin de telle manière qu'elle le recouvre dans toute sa largeur.

Khounapoup et ses ânes arrivent devant la maison. Ojéhoutinekht l'interpelle :

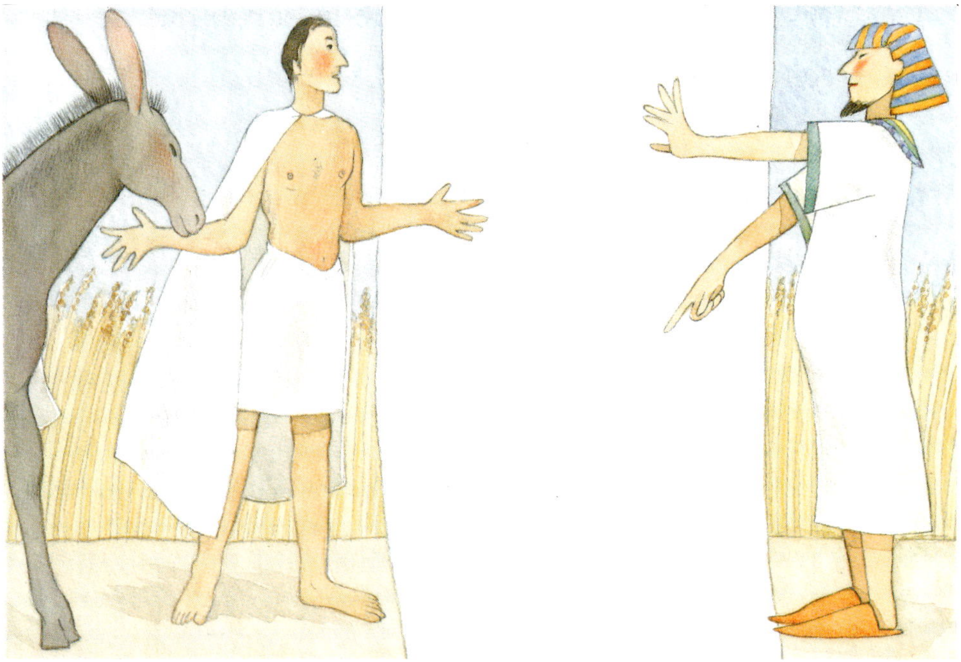

— Holà, l'étranger ! Aurais-tu l'outrecuidance de marcher sur une pièce d'étoffe qui m'appartient légitimement ?

Sans se laisser impressionner par le ton arrogant de Ojéhoutinekht, l'oasien répond froidement :

— Ce chemin appartient à tout le monde, nul n'a le droit de le dire sa propriété. Si tu ne veux pas que mes ânes marchent sur ton tissu, ôte-le rapidement de la route.

Mais à peine a-t-il terminé de dire ces mots qu'un de ses ânes arrache d'un large coup de langue une touffe d'orge en piétinant largement le tissu.

Le subterfuge a réussi. Maintenant le méchant homme se trouve autorisé à prendre l'âne qui lui a causé du tort.

Khounapoup proteste avec véhémence. La querelle s'envenime. Ils en viennent aux mains, Khounapoup est moins fort que son voleur. Il doit céder devant la brutalité, mais il promet de se venger et surtout de récupérer ses biens que Ojéhoutinekht lui vole, sans vergogne.

L'oasien est peut-être moins fort, mais il est plus intelligent et il a le droit pour lui. Le vol s'est produit sur les terres que gère le grand intendant Rensi, pour le compte de Pharaon.

Khounapoup se présente devant Rensi, fils de Mérou, et raconte toute son histoire.

Le grand intendant l'écoute d'abord distraitement. Dès les premiers mots, il a compris que l'affaire est claire, sans aucun doute Ojéhoutinekht est-il coupable et doit-il être condamné. Mais au fur et à mesure que l'oasien parle, Rensi devient de plus en plus attentif.

D'habitude, dès qu'il sait comment juger d'une affaire, il interrompt le plaideur, car son temps est précieux et ses charges multiples. Or, cette fois, non seulement il n'ordonne pas au paysan de se taire mais encore il l'invite à continuer ses explications. Les serviteurs du grand intendant sont surpris de voir leur maître, pourtant si pressé d'habitude, rester si longtemps avec ce simple paysan et paraître y prendre un certain plaisir.

Khounapoup parle d'abondance, Rensi écoute.

Enfin, Khounapoup termine sa plaidoirie sur une supplique :

— Anéantis le mensonge, donne l'existence à la vérité, fais justice. Prends soin de moi car je suis dans le dénuement.

Dès que le paysan quitte le palais d'audience, Rensi se rend chez Pharaon. Rensi sait que le roi s'ennuie dans son magnifique palais,

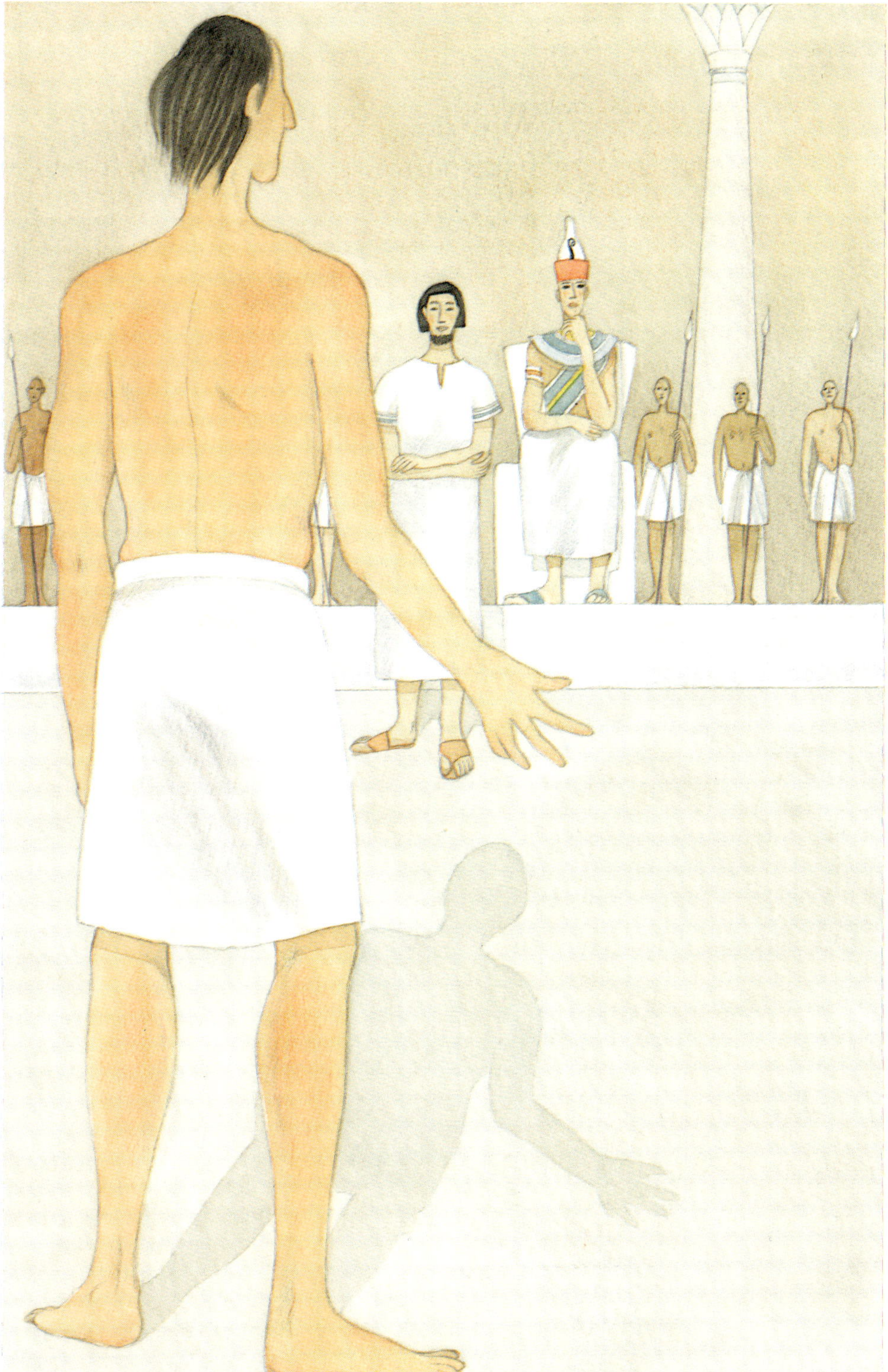

il sait aussi qu'il apprécie beaucoup le beau langage. Il raconte combien ce simple paysan parle bien, comme il sait naturellement agencer les mots pour charmer son auditeur.

Pharaon est très intéressé par le rapport de son intendant. Voici ce qu'il ordonne :

— En temps ordinaire, mes ordres sont que la justice soit promptement rendue. Mais pour cette fois nous allons faire une exception à la règle. Tu vas faire venir chaque jour Khounapoup devant toi. Chaque jour il devra exposer à nouveau sa requête. Tel que tu viens de le décrire, il semble que les mots ne lui manqueront pas et qu'il aura à cœur de te convaincre sans t'ennuyer. Note bien tout ce qu'il te dira et, chaque jour, tu viendras me lire les belles paroles du paysan.

Rensi, fils de Mérou, allait se retirer quand Pharaon le rappela :

— Je ne veux pas que mon plaisir spolie la justice. Veille à ce que Khounapoup ne manque de rien, fais aussi porter de la nourriture à sa femme et à ses enfants.

Les ordres et les désirs de Pharaon sont strictement respectés par Rensi.

Neuf fois durant il fait venir Khounapoup dans la salle d'audience. À chaque fois il s'émerveille de l'imagination du paysan qui sait toujours trouver des mots nouveaux pour expliquer son affaire et capter sa bienveillance.

Tous les jours, le grand intendant apporte à Pharaon les papyrus sur lesquels les scribes ont scrupuleusement noté les paroles enchanteresses du paysan.

Pharaon est ravi de l'art oratoire de Khounapoup, il se délecte de l'invention verbale, de l'imagination de son humble sujet. Il juge néanmoins que l'affaire a suffisamment duré, d'autant plus que dans sa neuvième supplique Khounapoup, exaspéré des atermoiements de la justice, menace d'en référer à Anubis, le dieu des morts.

Dans cette neuvième supplique, il ne manque pas de se plaindre de Pharaon qui ne veille pas suffisamment à ce que la justice soit rapidement rendue. Et pourtant son affaire est claire et simple, qu'en est-il alors des affaires plus compliquées ! Décidément, ajoute-t-il, Pharaon devrait veiller plus attentivement à la bonne marche de son royaume !

D'abord surpris de l'audace de cet humble paysan qui lui dit qu'il remplit mal son rôle de pharaon et qui n'hésite pas, finalement, à le menacer de faire intervenir en sa faveur les puissances de l'au-delà, le roi est tenté de châtier cet audacieux.

Mais très vite, son sens de la justice lui fait voir que le paysan a toutes les raisons de se fâcher et de menacer. Il doit s'inquiéter pour sa femme et ses enfants, car bien sûr il ne sait pas que Pharaon prend soin d'eux durant ce temps.

En lui-même, le roi admet aussi qu'il a peur de l'intervention d'Anubis. Il aurait en effet du mal à justifier sa conduite devant le dieu des morts. Car non seulement Khounapoup est innocent de tout crime, mais encore c'est lui qui subit les tracasseries de la justice tandis que le coupable, l'affreux Ojéhoutinekht, vit tranquillement du produit de son larcin.

Pharaon ordonne alors à Rensi de régler promptement les affaires du paysan.

Rensi n'est pas fâché de voir les choses se terminer ainsi, car il commençait à avoir pitié de ce pauvre paysan pris dans les pièges de la justice.

Le grand intendant fait diligence. À peine a-t-il reçu l'ordre de Pharaon qu'il envoie la police mettre la main sur Ojéhoutinekht qui n'offre aucune résistance.

Tous ses biens sont confisqués et donnés à l'oasien qui reçoit même son voleur pour le prendre en esclavage.

Justice est rendue et Khounapoup est largement récompensé de sa longue patience.

LES MÉSAVENTURES D'OUNAMON

La barque sacrée d'Amon, le dieu à tête de bélier, présente quelques fissures, ses couleurs ne sont plus aussi éclatantes qu'autrefois. Le temps est venu de la remplacer, d'en construire une autre strictement identique mais neuve et solide.

Les environs de Thèbes, la ville aux cent portes, ne possèdent aucun arbre digne de servir à la construction de la barque sacrée. Ni dans les environs de Thèbes, ni même d'ailleurs dans toute l'Égypte, on ne peut trouver d'arbres assez majestueux, assez grands pour cet usage. Depuis toujours la barque sacrée d'Amon est faite du bois magnifique des arbres du Liban.

Pharaon et sa femme décident de demander au roi de ce pays les cèdres majestueux qui seuls conviennent à la grandeur d'Amon.

Or, ils savent que le moment n'est peut-être pas le meilleur pour entrer en négociation avec le Liban. En effet, l'Égypte et son voisin entretiennent, depuis quelques années, des rapports tendus.

Néanmoins, la barque d'Amon doit impérativement être remplacée.

Pour conduire les négociations il faut un homme habile, certes, mais surtout qui saura résister aux menaces d'intimidation, au découragement. Cet homme, c'est Ounamon.

Pharaon, pour donner davantage de prestige à son ambassadeur, imagine de lui donner comme compagnon un ambassadeur divin.

Une statue accompagnera Ounamon. Une statue du dieu à tête de bélier.

En grandes pompes, Ounamon et son dieu s'embarquent à Thèbes. Le Nil les conduit en Basse-Égypte. Bien qu'absorbé par les difficultés de son ambassade, Ounamon est sensible à la beauté des paysages qu'il admire de son navire. Le vent est doux, il mène sans heurt mais rapidement Ounamon jusqu'aux bords de la mer.

Là où les eaux du Nil se confondent avec celles de la mer, Ounamon change de navire. La grande barque légère et effilée qui l'a mené jusqu'ici ne saurait affronter les eaux de la Grande Verte. Pour remonter les côtes de la Phénicie et du Liban, des navires plus lourds, plus solides et plus fortement gréés sont nécessaires.

Ounamon trouve sans difficulté un capitaine de navire qui accepte de le conduire jusqu'à sa prochaine étape, le port de Dor.

La statue, mais aussi les coffres contenant l'or et les présents qui doivent servir de monnaie d'échange contre les cèdres, sont transbordés avec beaucoup de soin. Ounamon veille à tout et réprimande le marin qui manie la statue avec une vivacité qu'il juge imprudente et impie.

Bientôt tout est bien arrimé sur le navire de haute mer. Les objets les plus précieux sont dans la cabine d'Ounamon. Le capitaine annonce qu'on appareillera le lendemain dès l'aurore.

Le voyage se passe bien. Le navire et l'équipage sont excellents. La mer est un peu agitée, mais c'est la rançon du vent frais qui gonfle les voiles. Le bateau file à belle allure vers le port de Dor.

Le crépuscule s'annonce. Le capitaine donne les ordres d'accostage. La manœuvre s'exécute avec calme et efficacité. Ounamon se félicite de la qualité de l'équipage.

Le bateau est maintenant sagement amarré au quai. Le port de Dor est splendide dans la lumière du couchant. Déjà, leur travail accompli, les marins sautent à terre et courent vers les échoppes qui bordent le port.

Prudemment, Ounamon a l'intention de passer la nuit dans sa cabine auprès des trésors dont il a la charge. Après le repas, il va voir si sa cargaison n'a pas subi de dommages durant la traversée.

Quelques instants plus tard il bondit sur le capitaine en le traitant, lui et ses marins, de voleurs. Son or a disparu !

Ounamon comprend, mais trop tard, la hâte de ces hommes à quitter le navire. Comment les retrouver ? Il ne connaît pas ce port. Les rues sont étroites, sinueuses et chaque échoppe, chaque maison est une cachette possible pour les voleurs.

Sans tarder, Ounamon demande audience au seigneur de Dor pour qu'il lui rende justice, le vol ayant été commis dans sa ville.

Le seigneur trouve une parade pour se dispenser de dédommager Ounamon.

Le navire et les marins ayant été choisis en Égypte par Ounamon, le seigneur de Dor ne saurait être tenu pour responsable de ces hommes. Ounamon a beau lui rétorquer qu'il doit faire respecter la justice sur ses terres, l'autre ne veut rien entendre.

Ounamon obtient néanmoins que les voleurs soient recherchés par la police. Évidemment, il a fait transporter tout ce que les voleurs lui ont laissé en lieu sûr. En fait, ils ne lui ont dérobé que le plus facilement transportable, c'est-à-dire l'or. Heureusement, ils n'ont pas touché à la statue d'Amon.

Neuf jours passent sans que les voleurs soient arrêtés. Chacun de ces neuf jours, Ounamon est venu auprès du seigneur pour se plaindre de la lenteur des recherches. Pour se débarrasser de lui, davantage que pour lui rendre service, le seigneur de Dor lui suggère alors une ruse.

— Les hommes qui t'ont volé sont des marins, n'est-ce pas ? Eh bien, reprends à d'autres marins ce que ceux-là t'ont dérobé.

Ounamon répugne un peu à ce stratagème, mais il n'oublie pas la mission dont il est investi. Il ne doit pas arriver trop tard au Liban, sinon le roi aura une bonne excuse pour ne pas lui livrer les cèdres : il sera arrivé après la saison de l'abattage des arbres.

Ounamon souscrit donc à la ruse qu'on lui propose, trouve un navire qui veut bien le conduire, lui et ce qui reste de sa cargaison, jusqu'à Tyr, puis jusqu'à Byblos.

À son tour, il se fait voleur et dérobe au capitaine du navire l'équivalent de ses pertes. Mais comme Ounamon répugne à agir ainsi, voici ce qu'il dit aux marins :

— Si je vous vole, c'est que l'on m'a volé ! Retrouvez les hommes qui ont pris mon or et je vous rendrai le vôtre !

Sans attendre la réponse des marins, Ounamon se rend au palais du roi au Liban.

Le palais est magnifique, des jardins en terrasse dominent la mer, les salles de réception sont richement décorées. Ounamon est ébloui, bien que familier des demeures somptueuses de Thèbes.

Pour donner plus de lustre à sa première entrevue avec le roi, Ounamon se fait accompagner de l'ambassadeur divin que lui a confié Pharaon.

Dès les premiers mots que prononce le roi, l'envoyé des Égyptiens comprend que la partie sera difficile. Byblos n'a absolument pas envie d'être agréable à Thèbes. Ounamon négocie infatigablement, et n'obtient rien.

Heureusement le dieu-bélier vient à son secours. Par l'intermédiaire d'un songe, Amon insinue dans l'esprit du roi du Liban l'idée qu'il faut satisfaire Ounamon.

Le roi résiste quand même à cette idée. Il tergiverse. Ounamon attend toujours. Croyant que sa mission a irrémédiablement échoué, il envisage de rentrer en Égypte. Jusqu'à présent, il s'est obstiné et a résisté chaque jour aux injonctions du roi qui essayait de se débarrasser de lui en lui ordonnant de quitter le port de Byblos.

Aussi est-il fort surpris de se voir interdire de prendre la mer,

quand il annonce son désir de partir. En même temps que cet ordre, il reçoit une convocation pour le palais royal. Il s'y rend sans tarder.

Le roi le reçoit avec faste, comme toujours, et lui donne audience dans la plus belle salle du palais. Mais Ounamon sent bien que, malgré l'injonction secrète d'Amon, le roi de Byblos n'a toujours pas envie de livrer les cèdres que Pharaon lui demande ; il continue à tergiverser et exige un prix exorbitant.

Ounamon, en bon diplomate, essaie de satisfaire les deux partis en présence.

Le roi du Liban exige qu'on lui remette quatre cruches et un vase en or, cinq cruches en argent, dix pièces d'étoffe en lin royal, dix paquets de bon lin de Haute-Égypte, cinq cents rouleaux de papyrus de qualité, cinq cents peaux de bœufs, vingt sacs de lentilles, trente couffes de poissons.

Pharaon est furieux d'une telle exigence, mais la réparation de la barque divine d'Amon est urgente. Il est contraint d'accepter ce qu'il considère un peu comme un chantage de la part du roi de Byblos. Il fait envoyer tout ce qui est demandé.

Des barques de haut-bord, qui conviennent bien au transport des marchandises, sont chargées des présents demandés par le roi de Byblos. Les rameurs sont choisis avec beaucoup de soin. Ils ne doivent pas être trop grands car, dans ce type de bateaux, ils ont peu de place pour faire leur travail. Ils doivent se tenir en équilibre sur une sorte de balustrade qui court le long du bateau. Toute la place est donnée aux matériaux à transporter et à la cabine du

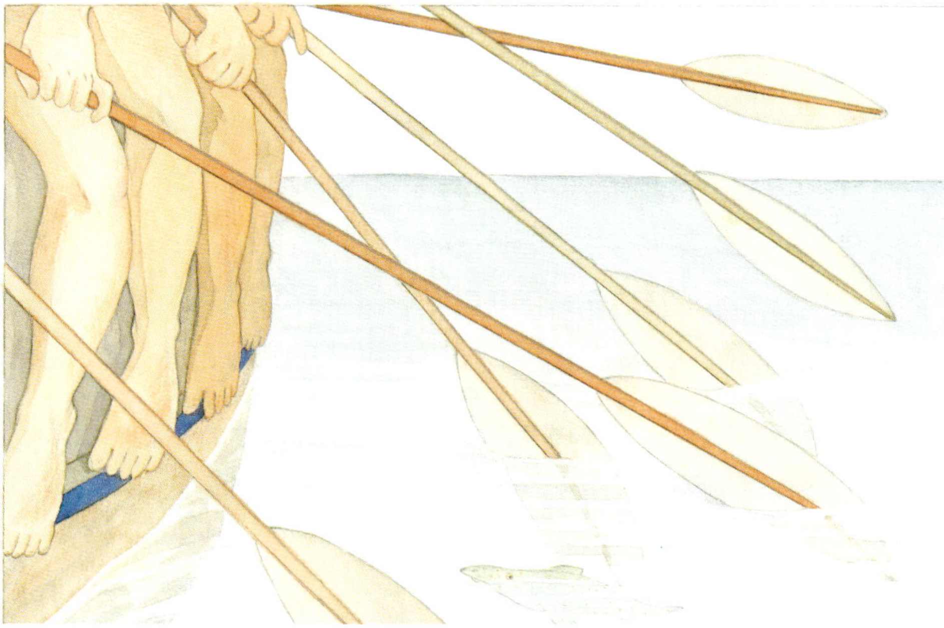

capitaine. Ils doivent être forts, car il leur faudra ramer, mais aussi, et c'est plus difficile, ils devront très certainement haler les barques le long des rives du Nil dès que le vent faiblira.

En effet, le temps presse et il sera impossible d'attendre que les conditions normales et favorables de navigation soient réunies. Il faut arriver avant que la saison de l'abattage des cèdres soit passée. La réparation de la barque d'Amon ne peut plus être remise à l'année suivante.

La navigation sur le Nil se passe bien. Reste maintenant à affronter la mer et ses dangers : impossible d'utiliser les barques construites pour naviguer sur le Nil, mais totalement inaptes à parcourir la mer.

Là encore, les intendants agissent vite. En quelques heures, le trésor exigé par le roi de Byblos est transbordé sur des navires de haute mer. La proue et la poupe de ces bateaux sont ornées de présages bienheureux : le signe de la vie et l'œil d'Horus.

Bateaux et marchandises parviennent enfin à Byblos. Le roi, montrant encore une fois son amour des richesses, fait vérifier la cargaison de tous les navires pour voir si tout ce qu'il avait exigé est bien arrivé, et en bon état. L'inventaire prend du temps alors que chaque heure compte maintenant, car bientôt il ne sera plus possible de procéder à l'abattage des cèdres.

Ounamon manque de perdre patience plusieurs fois devant le zèle des officiers du roi qui vérifient lentement chaque cruche, chaque vase, chaque pièce d'étoffe, chaque rouleau de papyrus, chaque peau de bœuf et chaque sac de nourriture. Mais tout est en bon état. Le roi de Byblos est satisfait, et il donne l'ordre tant attendu par Ounamon.

Enfin les arbres sont abattus, ces cèdres immenses qui font la renommée du Liban. Enfin Ounamon peut reprendre le chemin de l'Égypte. Là-bas les ouvriers chargés de la construction de la barque d'Amon ont été choisis avec soin, tous les outils sont prêts.

Le pharaon pourra rejoindre l'Amenti sereinement sans qu'Osiris puisse lui reprocher de ne pas avoir satisfait aux devoirs de sa charge.

Ounamon est nommé directeur des travaux. Avec cette charge, il reçoit honneurs et récompense pour avoir su mener de difficiles négociations.

LE PRINCE PRÉDESTINÉ

Pharaon et sa femme sont bien tristes de ne pas avoir d'enfants. Ils sont jeunes et forts tous deux encore, mais aucun cri d'enfant royal ne résonne dans les grandes salles du palais.

La reine est malheureuse. Pharaon s'inquiète de ce qu'il adviendra de sa couronne quand il quittera le royaume des vivants pour aller vivre chez Osiris dans l'Amenti.

— Prions pour que les dieux nous donnent un enfant ! dit la reine.

— Prions pour que les dieux nous donnent un fils ! dit Pharaon.

Ils ne négligent aucun sanctuaire de leur vaste royaume. Ils prient à Thèbes, à Bouto, ils prient partout.

Enfin les dieux exaucent leur prière. Pharaon et sa femme ont enfin un enfant. C'est un fils. Comme il convient à cet enfant de haute naissance, les sept Hathors se penchent sur son berceau et font connaître la destinée de ce bel enfant tant attendu.

En entendant les prédictions des Hathors, Pharaon et sa femme blêmissent. Elles déclarent en effet :

— Il périra par le crocodile, ou par le serpent, ou encore par le chien.

Ayant prononcé ce verdict d'une voix douce, les sept Hathors regagnent leur séjour céleste, laissant le père et la mère en proie au désespoir.

Ils commencent par pleurer et maudire le sort qui les a fait attendre si longtemps un fils pour le leur reprendre presque aussitôt. À leurs pleurs se joignent ceux des amis du palais, les courtisans. Les serviteurs pleurent aussi devant un arrêt du destin aussi terrible. Le palais royal n'est que pleurs.

Après les pleurs, la colère s'empare de Pharaon et de sa femme. Ils décident de s'opposer de toutes leurs forces et de tous leurs pouvoirs à la prédiction des sept Hathors. Ils réfléchissent au moyen de soustraire leur enfant au destin cruel qui lui a été prédit.

Pharaon fait construire, à grands frais, une magnifique maison au milieu du désert. C'est presque un palais tant la décoration en est belle. Pharaon ne néglige rien. Tout est organisé pour qu'un enfant soit élevé en ce lieu de manière royale, mais sans qu'aucune

communication avec le monde extérieur soit possible.

Les jardins sont particulièrement magnifiques. Ce ne fut pas une mince tâche pour les intendants du royaume que de construire cette résidence en plein désert. Il fallut creuser profondément pour trouver l'eau nécessaire à la vie des hommes, des animaux et des plantes destinés à séjourner en ce lieu aride.

Pour le jardin il fallut, en outre, apporter de la bonne terre arable des bords du Nil, car sinon jamais rien n'aurait poussé dans la sèche et stérile terre du désert.

Maintenant, les jardiniers du jeune prince exilé entretiennent un des plus beaux jardins du royaume.

Les années passent. L'enfant vit dans une solitude totale. Un jour qu'il se promène avec un serviteur sur les terrasses, il voit,

au loin, un homme qui marche sous le soleil. Un chien le suit.

L'enfant veut un chien lui aussi.

Pharaon, averti du désir de son fils, hésite. Il est déchiré par deux idées qui ne peuvent s'accorder. Doit-il refuser de satisfaire son enfant à cause de l'ancienne prédiction ? Doit-il tenter le sort en offrant un chien à l'enfant ? Son amour paternel trouve une solution : il consent à ce que son fils ait un chien, mais il veille à ce que ce soit un chiot. A-t-on jamais vu un tout petit chien dévorer un jeune garçon ?

Les années passent. L'enfant et le chien grandissent. Rien ne se passe.

Enhardi par ce succès, le jeune homme réclame un char à son père. Il trouve que les limites de son palais et de son jardin sont bien étroites maintenant. Quand il monte sur les murailles qui ceignent ce qu'il nomme en lui-même sa prison, le prince admire les immenses étendues qui s'ouvrent sous ses yeux.

Dans l'enceinte du palais, il a appris l'art de conduire les chevaux, mais jamais il n'a pu vérifier ses capacités à mener son attelage à grande vitesse. Il sait parfaitement faire exécuter les figures les plus difficiles à ses chevaux. Celles qui n'exigent pas beaucoup d'espace pour être réalisées. Il lui tarde de se mesurer avec les étendues du désert.

Il supplie son père de lui donner un char et de l'autoriser à sortir du territoire du palais. Encore une fois Pharaon hésite.

Mais peut-on retenir indéfiniment la force de la jeunesse ? Peut-on accepter qu'un jeune homme vigoureux et agile se morfonde

dans une vie de reclus ? Surtout quand il s'agit de son propre fils !

Pharaon cède et donne à son fils un char magnifique et rapide.

Chaque jour le prince mène ses chevaux dans le désert. Il ne se lasse pas de les faire courir sur ces vastes étendues. L'espace le grise.

Les années passent.

Le prince finit cependant par épuiser les joies de la vitesse et des courses dans le désert. Chaque soir, il revient au palais et s'abat, rompu de fatigue, sur sa couche.

La solitude lui pèse tout autant que cette obligation de rester sur les terres de son père.

Un matin, il décide de partir.

Le jeune prince, sur son char, se rend dans le royaume de Naharîn. La fille du roi de ce pays est élevée de manière solitaire, dans une grande et haute tour qui domine le désert de soixante-dix coudées.

Le roi promet que le jeune homme qui parviendra à voler jusqu'à la fenêtre de sa fille l'épousera. Les prétendants sont nombreux, mais aucun ne réussit l'exploit. Chaque jour des tournois se déroulent sous la fenêtre de la princesse. Le fils de Pharaon, un beau jour, tente lui aussi de sauter. Il rassemble ses forces et s'élance. Seul parmi de nombreux jeunes gens, il parvient à la fenêtre de la princesse.

Nul ne connaît la véritable identité du prince. Quand on lui demande qui il est, il répond qu'il est le fils d'un officier égyptien que des querelles familiales ont contraint à quitter l'Égypte.

Le père de la princesse est furieux. Il est aussi bien embarrassé, car d'une part il se sait contraint d'honorer la parole donnée, et d'autre part il ne veut consentir à donner sa fille à un fugitif, à un homme sans terre ni famille. Le roi de Naharîn ne sait quel parti prendre. Il répugne au parjure tout autant qu'il craint pour sa fille une union avec un homme dont on ne sait rien. Car le roi sait, pour l'avoir éprouvé, combien il est nécessaire pour un homme de n'être pas seul, combien des amis, une famille, des relations sont bonnes pour le bonheur et la sécurité. Or, ce jeune homme, sur quel appui peut-il compter ? Il ne connaît personne et personne ne le connaît dans le royaume de Naharîn.

Mais la princesse aime déjà ce beau jeune homme qui a réussi l'exploit requis pour l'épouser. Elle supplie son père. Elle affirme que si le roi n'autorise pas le mariage, elle en mourra. Le père cède.

Le jeune homme révèle à sa femme sa véritable identité et le destin qu'ont prédit les Hathors. Il parle du chien, il parle du crocodile, il parle du serpent. Il raconte aussi son enfance solitaire et recluse. La princesse est émue de reconnaître là une enfance semblable à la sienne. Elle aussi vécut coupée du monde, retranchée dans une haute tour. Elle n'en sortit que le jour où il parvint à voler jusqu'à sa fenêtre.

Mais là s'arrête la similitude de leur destin, car aucune déesse ne lui prédit des choses aussi terribles que celles que les Hathors ont annoncées au fils de Pharaon.

La jeune femme sait qu'il est difficile d'échapper à un tel destin. Dorénavant, elle hait tous les chiens, tous les serpents, tous les crocodiles.

À partir de cette heure la princesse monte une garde vigilante auprès de son mari. Elle aurait voulu qu'il se débarrassât de son chien, mais le prince refuse de tuer cet animal qu'il a nourri.

Le crocodile du destin a suivi le jeune homme dans le royaume de Naharîn. Mais l'Esprit des Eaux, qui a toujours veillé sur le prince, l'a suivi lui aussi et chaque jour, en grand secret, il lutte avec le crocodile funeste. Tous les jours l'Esprit des Eaux est le vainqueur de ce combat aussi vieux que le prince.

Néanmoins, jamais l'Esprit des Eaux ne parvient à tuer le crocodile, aussi chaque matin la lutte recommence.

La princesse veille aussi. Un jour que le jeune homme est endormi, elle dépose près de lui deux coupes, l'une emplie de vin, l'autre de bière. Soudain elle voit une vipère se glisser vers son mari. Mais la vipère se dirige d'abord vers les coupes et les boit. Ivre, elle roule sur le dos. Sans perdre un instant, la princesse saisit une arme et coupe la vipère en morceaux. Le chien mange les morceaux du serpent.

Les années passent.

Un jour, le chien du prince se met à vouloir mordre la jambe de son maître. L'animal obéit au décret du destin. Pour lui échapper, le jeune homme se jette dans le fleuve et se trouve nez à nez avec le crocodile qui, lui aussi, entend bien accomplir ce que lui dicte le destin. Néanmoins, avant tout, le crocodile doit se débarrasser de l'Esprit des Eaux avec lequel il combat depuis longtemps. Le crocodile propose un marché au jeune homme :

— Aide-moi à vaincre l'Esprit des Eaux qui veut me tuer et, en échange, je te laisserai la vie sauve.

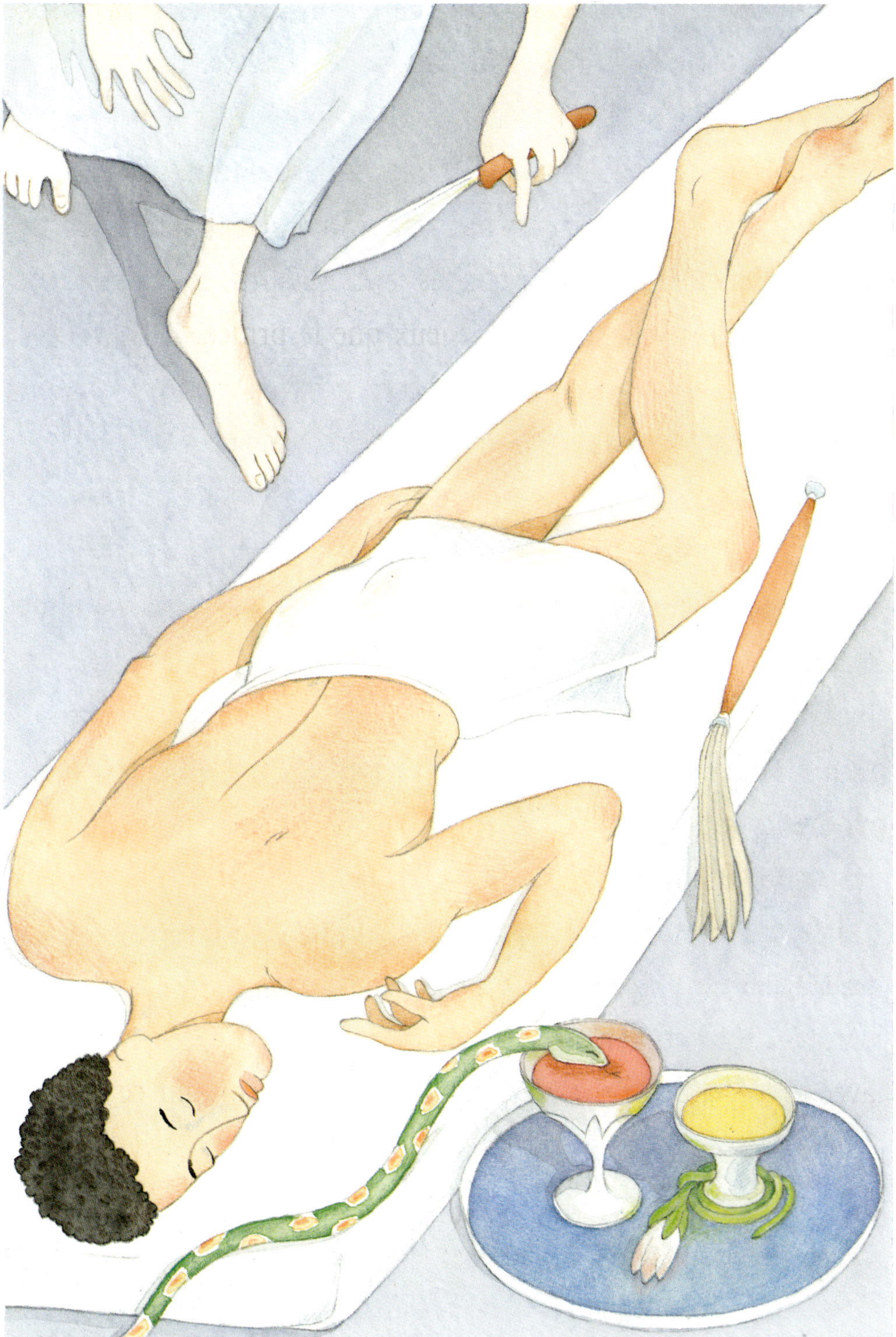

Ainsi parle le crocodile. Le jeune prince accepte. Tous deux viennent à bout de l'Esprit des Eaux. Le crocodile n'a plus à craindre pour sa vie. Il tient parole et laisse le jeune homme regagner la rive sans lui faire de mal. Après le dur combat qu'il vient de mener, le jeune homme s'allonge sur l'herbe de la berge et s'endort. Soudain, il sent quelque chose au-dessus de lui. C'est son chien, prêt à le mordre. Rapide, le jeune homme jette ses mains autour du cou de l'animal et serre, serre très fort. Bientôt le chien meurt, étouffé, la gueule ouverte.

Le prince crie sa joie d'être débarrassé de ces êtres fatals qui ont tant pesé sur sa vie. Puis il se calme et songe à la longue suite d'années qui s'ouvre devant lui. Maintenant, plus rien ne lui est interdit, peut-être même va-t-il pouvoir revenir en Égypte et devenir pharaon à son tour.

Heureux et tranquille, le jeune prince court vers sa femme pour lui annoncer que ni le serpent, ni le crocodile, ni le chien ne sont parvenus à le tuer. Le destin a été tenu en échec. Il rit, ce pauvre jeune homme, car il ne sait pas que dans quelques secondes l'arrêt des Hathors va se réaliser. En effet, de la gueule du chien est sorti le serpent, bien vivant et bien décidé à mordre le talon de ce jeune homme qui court, insouciant.

LES AVERTISSEMENTS DU SAGE

Rien ne va plus en terre d'Égypte. Du Nord au Sud le pays semble frappé de folie. Un grand malheur s'abat sur le royaume du vieux pharaon. Tout marche à l'envers.

Le Nil déborde, mais personne n'en profite pour cultiver les champs. Les femmes deviennent stériles, les hommes sont décimés par la maladie. Dans les villes, les événements s'accélèrent de manière inquiétante. La foule devient dangereuse. Plus personne ne paie ses impôts. Le pays entier est au bord du gouffre.

Devant cette situation, les grands, ceux qui ont l'habitude de

s'occuper des affaires du royaume, s'affligent. Ils étaient riches autrefois, maintenant ils sont obligés de se vêtir de haillons et leur estomac crie famine.

Pendant ce temps-là, les pauvres possèdent les objets les plus beaux, et celui qui, autrefois, n'avait même pas les moyens de s'acheter des sandales voyage maintenant en litière dorée.

Celui qui manquait de pain possède maintenant des greniers à blé dans lesquels nul scribe ne travaille plus.

Celle qui ne possédait même pas une boîte de méchant métal vit maintenant entourée de coffres richement ornés et regorgeant de draperies somptueuses.

Celle qui était obligée de se pencher à la surface de l'eau pour voir son image possède maintenant mille miroirs.

Le sage Ipouwer contemple tous ces changements avec inquiétude.

Ce n'est pas tellement le retournement des situations qui le fait frémir et craindre pour l'avenir. Car, s'il ne s'agissait que de monde à l'envers, après tout, si les pauvres sont riches et font correctement marcher le royaume tandis que les anciens riches prennent leur place, le royaume de pharaon pourrait encore braver les années.

Mais les choses ne sont pas si simples. Le mouvement s'amorce mais ne s'arrête pas. Il n'y a plus aucune stabilité, aucune situation ne dure suffisamment longtemps pour que la vie du pays soit assurée.

Ipouwer décide d'aller voir, en son palais, le vieux pharaon.

Le palais royal semble à l'écart de la tourmente générale. Les

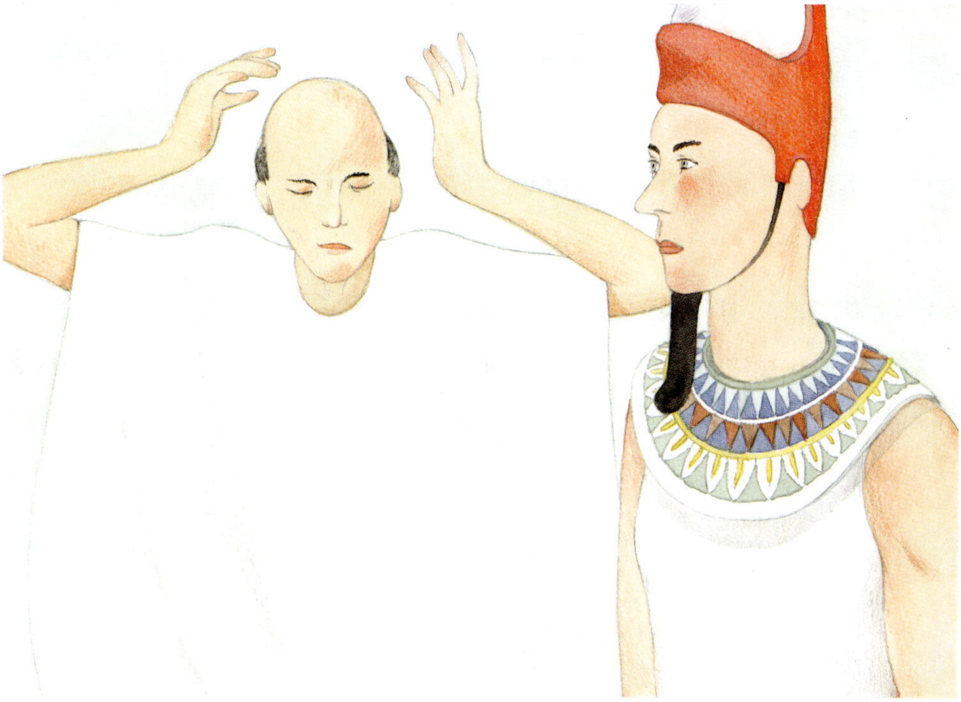

gardes sont à leur place. La vie s'écoule tranquillement, comme si rien ne se passait à l'extérieur.

Ipouwer demande audience. On la lui accorde avec réticence. Le sage commence à soupçonner quelque chose.

Quand il se présente devant le pharaon, il est résolu à lui dire la vérité, quoiqu'il puisse lui en coûter, car il sait bien que ses paroles vont être considérées comme de véritables crimes de lèse-majesté.

Le pharaon vit en effet comme autrefois et Ipouwer se doute qu'il n'est au courant de rien. Ses conseillers, trop heureux d'échapper au tumulte en restant au palais, lui cachent la vérité.

Ipouwer commence ainsi son discours :

— Sagesse, intelligence et droit sont avec toi, mais tu laisses le pays en proie au désordre. Plus personne ne respecte tes ordres.

Le pays tourne comme le tour d'un potier et toi, tu ne fais rien.

Sans laisser à Pharaon le temps d'intervenir, Ipouwer continue sa harangue :

— On t'a menti, le pays est livré aux flammes, les hommes s'entretuent d'un bout à l'autre du royaume, les sanctuaires eux-mêmes ne sont plus respectés. Pharaon, vois l'état de ton pays ! Sache bien que tu es coupable envers lui. Tu t'es retranché dans ton palais sans chercher à savoir ce qui se passait vraiment au-dehors. Pourtant, tu devais bien te douter par moment que tes conseillers te mentaient. Agis maintenant, rétablis l'ordre, si tu le peux encore.

Ipouwer voit sur le visage du vieux pharaon la marque de la colère. Il sait qu'il va sans doute perdre la vie pour avoir osé dire la vérité. Il craint simplement qu'il soit bien tard pour rétablir la paix au bord du Nil.

Mais le pharaon n'est pas en colère contre lui, il est furieux contre ceux qui l'ont berné si longtemps.

Il demande à Ipouwer de l'aider à rétablir la paix en Égypte.

N° d'éditeur 04665900
Dépôt légal septembre 1991
Loi du 16 juillet 1949 sur les publications destinées à la jeunesse
Imprimerie Jean-Lamour, 54320 Maxéville
ISBN 2.09.240232-3